# 認知症の



# 定する 最高の介護術

**榎本睦郎**

榎本内科クリニック院長
日本認知症学会専門医

永岡書店

# はじめに

「家族が認知症と診断された。もう絶望だ……」

そんな声を耳にすることがよくあります。

ですが、そのたびに、私は心の中でこう思っています。「認知症について正しい知識がないせいで、そう思い込んでしまうのだな」と……。

認知症の方はさまざまな不思議な行動をとってしまうわけですが、私はその多くが4つの原因に基づいていることに気づきました。

診察中、患者さんのご家族に原因を説明し、接し方のコツをお伝えすると、ほとんどの方から「先生、謎が解けて腑に落ちました」「原因がわかったので、対策方法が見えてきました」「気持ちがラクになりました！」と、うれしい回答をいただきます。

本書のパート1では、認知症の方の不思議な言動を招く根本原因について詳しく解説しています。原因を理解し、「認知症シアターの観客」として、映画を見るような客観的な視点を身につけることで、介護の負担を大きく軽減できるはずです。

**その一方で、認知症の進行予防として特に重要なのが、患者さんそれぞれの症状に合った薬物療法です。**最近新しい治療薬が発売され、また別の新薬も開発中……と、認知症の薬は日々進化しています。これから先、治療の選択肢はますます広がっていくでしょう。ただし、進行予防の治療薬という「武器」を手に入れるためには、「認知症かもしれない」と思ったら、すぐに医療機関を受診することが大切です。

**認知症への理解と薬物療法。それに加えて、家族や周囲のちょっとしたサポートの工夫があれば、認知症の進行を劇的に抑えることができます。**これら3つの知識を身につけることで、**認知症は決して「絶望の病気」ではない**ことが、わかっていただけると思います。

この本を読み終えたとき、皆さんが、明るく前向きな気持ちになり、「認知症の家族と上手に付き合っていこう」と感じていただければ幸いです。

それでは、お話を始めましょう。

榎本内科クリニック院長・日本認知症学会専門医
榎本睦郎

# 【本書の読みすすめ方】

## 認知症の進行を防ぐための治療&介護の基本がよくわかる!

多くの認知症患者さんと、ご家族に接している認知症専門医として、伝えたいことを1冊にまとめました!

榎本内科クリニック院長
榎本睦郎

### PART 1 認知症患者さんの言動の謎を理解する

認知症の患者さんに見られる数々の不思議な言動の原因を①**病的な物忘れ**、②**感覚の鈍化**、③**タイムトリップ**、④**気候の変動**に分類。4つの根本原因と不思議な言動の理由&接し方のコツが、映画を見るように客観的に理解できます。

PART 2

## 早期発見で進行を防ぐ受診のポイント

認知症は適切な治療を行えば進行を遅らせることが可能です。そのためには、早めの受診と正しい治療の選択が必須条件。認知症治療の道のりで迷いがちな4つの分かれ道を取り上げ、正しい選択をするための最新情報を解説します。

PART 3

## お互いがラクになる介護テクニック

介護者が認知症の方の日々の生活をどう支え、どのように接するかは、進行を防ぐためにかかせない要素です。介護する側・される側がお互いにストレスなく、気持ちがラクになれる介護の工夫やアイデアを紹介します。

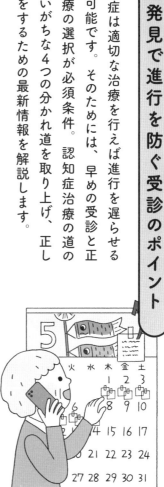

# もくじ

# のぞいてみよう

ここは、認知症患者さんの日常の一コマを上映する「認知症シアター」。不思議なセリフやアクションの裏に隠された理由《わけ》に迫り、接し方のコツを学んでいきましょう。

# PART 1 あなたの知らない 認知症の世界を

シアター

# 4つの根っこがあった

認知症の患者さんは、たびたび、ご家族がびっくりしたり、困ってしまうような行動や発言をします。そうした不思議な言動を深掘りしてみると、根本的な原因は、大きく**①病的な物忘れ、②感覚の鈍化、③タイムトリップ、④気候の変動**の4つに分類できることに気がつきました。

「よくわからないことをされると、イライラして、つらくあたってしまう……」というご家族も少なくありません。ですが、根本的な原因について説明すると、「そういうことだったのか！　だったら仕方がないですね」と納得され、その後は冷静に対処できるようになることが大半です。

# 認知症

## 不思議な行動には

このパートでは、さまざまな不思議な言動を招く4つの根本原因の解説と、上手な接し方のポイントを紹介します。皆さんは、「映画のワンシーンを見ながら、不思議な言動の裏に隠された登場人物の気持ちを考察する」ようなイメージで、読みすすめてみてください。

認知症の介護を無理なく続けるコツの一つに、介護者が「認知症患者さんと同じ映画の共演者にならないこと」が挙げられます。観客としてスクリーンの外から客観的に見守ることができると、介護がとてもラクになります。原因を理解して、上手な接し方のコツをつかんでください。

# 真っ白ロボット劇場

## 第1幕　病的な物忘れ

「物忘れ」は、相談率ナンバーワンの症状。起こったことはすぐ忘れても、よい「自動回路システム」を発動できれば、ちゃんと自活できます。ただし、困った自動回路システムが発動すると……あれれ?

自動回路のスイッチオン

# メモリー

# 数分前の記憶が抜け落ちてしまう……

年齢を重ねると、「あの人、何て名前だったかな？」「あの店、どの道を通って行くんだったかな？」という、物忘れが増えていきます。こうした物忘れは誰しも多かれ少なかれ起こることなので、心配はありません。**それに対して、認知症の「病的な物忘れ」の場合は、記憶がすっぽりと抜け落ちてしまうのが特徴です。**

加齢による正常な老化では、記憶が部分的にあいまいになってしまったとしても、起こった出来事そのものをすっかり忘れることはありません。しかし、認知症になると、物忘れをした自覚症状さえないため、日常生活に支障をきたしてしまうのです。

あまりにきれいさっぱり忘れてしまうため、家族も戸惑ってしまい、「わざと忘れたフリをしているのではないか!?」などと誤解を生むこともあります。

また、大事な物をどこにしまったのかを忘れてしまい、見つけられないと「誰かが盗んだのでは……!?」と思い込む、「物盗られ妄想」もしばしば見受けられます。物盗られ妄想は、家族とのトラブルを招く一番の原因といえるでしょう。

## 特に苦手なのは「出来事記憶」

認知症の方は記憶力に問題があることは言うまでもないのですが、特に苦手とするのが「出来事記憶」と呼ばれるものです。「こんなことあったでしょ」とか「こういうこと言ったよね」という、いつ、どこで、何があったかという記憶のことで、〝エピソード記憶〟とも呼ばれています。

先日、クリニックでご家族からこんな相談がありました。家族旅行から帰宅して一息つき、お土産で買ってきたお菓子を広げて食べようとしたと

会った人の名前がなかなか思い出せないのは、老化の物忘れ。その人に会ったこと自体を忘れるのが認知症の病的な物忘れです。
榎本

ころ、突然「これは誰からもらったお菓子なの？」と質問され、家族一同絶句……。「一緒に旅行したでしょ!?」と思わずずっこけそうになってしまったそうです。

その場面を想像すると、まるでコントのワンシーンのようで、私は吹き出しそうになりましたが、ご家族は深刻な表情で、「本人のためを思って旅行を企画したのに、何も覚えていないなんて……。一緒に旅行をする意味はもうないのでしょうか？」とおっしゃいました。私が「そのとき、ご本人のようすはどんな感じだったのですか？」と質問したところ、**いつもに比べて表情は明るくて、楽しそうな雰囲気は身にまとっていた**そうです。

これと似て、よくあるのが次のようなエピソードです。デイサービスからご機嫌で帰ってくるけれど、ご家族が「今日はどんなことをしてきたの？」と尋ねても、「覚えていない」と言われたり、要領を得ない答えが返ってくる……とのこと。このように、ご家族から「認知症になると、もう何も覚えられないのですか？」という相談をしばしばいただきますが、これらのエピソードは「出来事記憶」の低下が原因です。

## 忘れてしまっても感情の記憶は体に残っている

認知症の原因の多くを占めるアルツハイマー型認知症では、出来事記憶の障害が見られます。アルツハイマー型認知症の方が、体験した出来事自体を忘れてしまう理由は、「海馬《かいば》」という最近のことを覚える脳の領域が病的に萎縮してしまうからです。**海馬が萎縮すると、数分前の出来事ですら覚えていることが困難になります。たとえ実際に自分が経験したことであっても、覚えられないのはやむを得ないことと割り切って受け止めるしかないのです。**しかし、楽しい時間を過ごしたという感情の記憶は、心と体に残っている……と私は感じています。

そのため、先ほどのご家族からの「本人が覚えていないなら、一緒に旅行をする意味はもうないのでしょうか？」という質問への私の答えは、ノーです。旅行に行ったこと自体は忘れてしまっても、楽しい時間は体が覚えていて、よい刺激として残っているからです。今後もイベントを一緒に楽しんでくださいとお伝えしました。

## 大切な物のしまい忘れから、「物盗られ妄想」へ発展してしまう

認知症の方の特徴として、自罰的《じばつ》（自分が悪い）でなく、他罰的《たばつ》（ほかの誰かが悪い）となりやすい点が挙げられます。これは見方によっては「突然性格が悪くなった」「自分勝手で人のせいにしてばかり」「自分の都合のいいことだけ覚えていて、わざと忘れたフリをしている」などの誤解を受ける原因になりかねません。

他罰的な結果として、最も厄介なのが先述した、「物盗られ妄想」です。物をしまったこと自体忘れてしまい、「見つからないのは自分のせいではない、誰かが盗った」という思考回路になってしまうのです。そして、いつもと違う特別な場所に大事な物を隠してしまい、どこにしまったのかわからなくなるという悪循環に陥ります。

**物盗られ妄想が重なると、日常生活で頻繁に接する人に疑いの目が向けられやすくなり、家族やよく訪ねてくる介護者に対して、「物を盗った」と言い出します。**言われた人は傷つき、本人は孤立してしまうという悲劇的な状況になりかねないのです。

## 「自動回路システム」の発動で〝繰り返し行動〟が起こる

もう一つ、認知症の興味深い特徴を紹介しましょう。認知症の方は考えて行動するのではなく、体にしみついた同じ行動を繰り返します。いわば**「自動回路システムが発動し、無意識に行動している」と考えれば、さまざまな不思議な言動が理解しやすいと思います。**象徴的なのは、同じ商品ばかり購入してしまうパターン。例えば、スーパーに行ってお買い得品のシールが貼ってあると、自動回路システムのスイッチがオンになり、以前に買ったことを忘れて買い物かごに入れてしまうのです。ヨーグルト、お醤油、ハチミツなど、人によって商品はさまざまですが、特定の商品を見ると購入モードの自動回路システムが発動して必ず購入してしまう方がいます。

また、買い物に限らず、電話を見ると家族に連絡する自動回路システムのスイッチがオンになり、1日に繰り返し何十回と電話をかけることもよくあるエピソードです。思い当たる行動が多々あるのではないでしょうか？

## 体が覚えている「手続き記憶」を味方にした対応を

この自動回路システムがよいほうに働くパターンもあります。

私のクリニックではMMSE《エムエムエスイー》（ミニメンタルステート検査）という30点満点のテストを用いて、認知機能の能力を評価しています。24点以上が正常範囲の認知機能で、20点を下回ってくると中等度の認知症レベルと考えられ、一般的に一人暮らしは困難となります。しかし、クリニックの患者さんの中にはこのテストが11点でも一人暮らしができている高齢女性もいます。

この方は、生活に必要な段取りに関する部分が「自動回路システム」に組み込まれており、**入浴、排せつ、食事、着替え、掃除、洗濯などを毎日ひたすら繰り返すことで、しっかりと日常生活が成り立っているのです。まさに自動回路システムを味方にした例といえるでしょう。**生活に必要な手続き記憶（言わば、段取りに関する記憶）をできる限り維持することが、今までどおりの生活を送るために大切なのです。

**逆に、認知症の人は自動回路システムの範疇《はんちゅう》に入らないイレギュラーなことは苦手となります。** イレギュラーなこととは、年賀状を書くなど年に一度程度しか行わない作業や、お葬式などの冠婚葬祭です。日常とは違うイレギュラーなことは、自動回路システムでは対応できなくなるからです。ですが、自動回路システムでできないことは、家族やヘルパーがサポートすることで一人暮らしが続けられることもあります。

このように、**「病的な物忘れ」から起こる不思議な言動の裏には「出来事記憶の欠如」「自動回路システムの発動」がある**ことを正しく理解できれば、客観視できるようなり、不安感も軽減されるのではないでしょうか。

**「病的な物忘れ」の特徴**

- ☑ 数分前の記憶がすっぽり抜け落ちてしまう
- ☑ 物が見つからないと身近な人が盗んだと思い込む
- ☑ 同じ物を買い溜めたり、何度も電話をかけてくる
- ☑ 毎日のルーティーンになっていることは自分でできる

# 「病的な物忘れ」が招く不思議な言動

## その記憶、消される

### 数分前の記憶が抜け落ちる

最近のことを覚える海馬《かいば》が萎縮するというのがアルツハイマー型認知症の特徴です。一方で、昔のことは脳の別の場所に記憶されるので、比較的覚えています。数分～数時間前のことは覚えていないのに、若いころのことを鮮明に覚えているのは、記憶の貯蔵場所が違うためです。

# 年賀状は遠い彼方に

## イレギュラーな作業ができなくなる

年賀状や確定申告など、1年に1回しか行わない作業をいざ始めると「あれ!?　どうやるんだっけ?」と手順を忘れていることがあります。認知症になると、普段とは違うイレギュラーなことが苦手になります。「去年できていたことが今年もできているのか」のチェックは、認知症の早期発見の一つの目安になります。

# 何度も着信アリ！

## 1日に何十回も電話をかける

最近は高齢者の方も皆さん、携帯電話をお持ちです。「大切な用事を忘れているかも!?」と不安な気持ちのときに電話を見るとつい「家族にすぐ確認しなくては……」と思い、自動回路システムが発動して連絡をしてしまいます。折り返し電話をすると、電話をかけたこと自体忘れていることも多いです。

# 彼女はまたそれを買った

## 同じ物を買い溜めする

買い物に出かけて、特定の物を見ると「買わなくちゃ」という、自動回路システムのスイッチがオンになる方がいます。買ったこと自体を忘れているので、繰り返し買ってしまうのです。スイッチが入る物や理由は人それぞれ。昔、足りなくなって困った経験があったのかもしれません。

# 記憶も物も神隠し

## 大事な物にかぎってなくす

通帳や印鑑、年金手帳など、なくしてはいけない大切な物に限って「ない、ない！」と紛失しがちです。これは、「大事な物はスペシャルなところにしまおう」と考えて行動し、しまったこと自体を忘れてしまうから。エスカレートすると「物盗られ妄想」へ発展し、家族を泥棒呼ばわりすることも……。

# 彼は生きてる！

## 亡くなったこと自体を忘れてしまう

長期入院していた配偶者のお葬式の際、「で、今日は誰のお葬式？　おじいちゃんはいつ帰ってくるの？」と言われて驚いた、というご家族がいました。日々、問題なく暮らせていたが、冠婚葬祭の際、想像以上に物忘れが激しいことに気がついた……というケースは多々あることです。

接し方のアドバイス

# 本人を〝否定しない〟ことが基本のき 言い分を聞いて味方だと思わせましょう

病的な物忘れに対する接し方の基本は、**本人を否定しないこと、弱点を指摘しないこと**だと私は考えています。忘れてしまうという弱点は、脳の病的な現象のために起きているわけで、指摘しても超えられないハードルです。しかも本人は忘れたこと自体を忘れてしまうので、指摘されると否定されたと感じてプライドが傷つけられてしまい、孤立し、症状が進行してしまうおそれがあります。

その最たるものが「物盗られ妄想」です。探し物が見つからないとき、「また自分がしまいこんだ場所を忘れたんでしょう!」と本人を責めるような発言をすると、他《た》罰的《ばってき》(相手が悪い)な思考回路を作動させて、「この人が私の大事な物を盗った犯人ではないか」と思い始める危険性が高くなります。

認知症の人は、**残念なことに思考回路の幅が狭くなっているので、自分に接する人が、敵か味方かという単純な分類をしがちです。**その分類の頼りとしているのは自分に対応するときの表情や口調です。笑顔がない、強めの口調で「またどこかにしまいこんだんじゃないの？」などと言えば、「ああ、この人は私の敵だ、犯人の可能性が高い！」と思い始めます。それを何度も繰り返していくと、その思いが強くなり、最後には「間違いなくこの人が犯人だ！」と脳に刷り込まれてしまいます。これが感情のしこりとなり、忘れることなく深く刻み込まれてしまうのです。

## 本人の味方として接すると問題が早く解決する！

物がなくなって困っていたら、**「なくなったら困るよね、一緒に探せば見つかるかもしれないよ」と、困っていることに強い共感の意志を示しましょう。その際、笑顔で、そして柔らかな口調で声をかけてあげると、「この人は味方だ」と自動回路システムが判定して、トラブルを回避しやすくなります。**

**否定せずに受け入れる対応は本人にとっても家族、介護者にとっても、お互い安心してコミュニケーションをとるための基本であり、認知症介護の必須テクニックです。**

実際、家族の方々からは「『あなたに盗られた』と泥棒呼ばわりされたらカッとなっちゃいますよ！」とよく言われます。でも、しばらくすると「感情に任せていろいろ指摘してもうまくいきませんね。先生の言うとおりに味方になってみたら早く問題が解決するし、介護がラクになりました」とおっしゃる方は多いのです（この悟りの境地に至れず、うまく対応ができないご家族もいらっしゃるので、まだまだ私の説得力が足りないのかもしれません。精進していきたいと思っています……）。

まずは一度、ご自身のため、トラブルを早く解決するためと思って味方になるテクニックを試してみてください。

## 多少の出費は勉強代と思って目をつむる

「同じ物を買い溜めしてしまう」という行動に対しては、私はできるだけ制限しないほうが望ましいと考えています。なぜなら、買い溜めの対象物は、日用品など高額でないケースが多いからです。

**認知症の方への対応で一番避けたいことは、本人がやる気を失ってしまい、自力でできる範囲を狭くすることです。**「買い物に出かける」という意欲を持ち、自分で歩いてお店へ行き、品物を選んで買うことは思考回路へのよい刺激になります。**買い物は、つい同じ物を買ってしまう自動回路システムが発動すると同時に、その人の生活能力を保つ効果も併せ持つのです。**そのために必要な出費は、「塾の月謝」くらいのつもりで、多少ムダが出ても、可能な限り続けさせてあげましょう。

私の経験上、**「病的な物忘れ」にかかわる問題は、認知症の初期、もしくは軽症で済んでいるからこそ目立つ**ものです。症状が中等度から高度に進行してしまうと、日常生活の段取りに関する別の記憶の問題が顕著となって、だんだん身の回りのことが自分でできなくなってしまいます。ですから、ここに挙げたような出来事記憶の低下が原因の物忘れで悩んでいるうちは、まだ傷が浅い状態ととらえておきましょう。

# トラブル劇場

## 第2幕　感覚の鈍化

年々ひどくなる猛暑でも、「私は寒い!」と言い張る、ミステリアスな認知症患者さん。その原因は、感覚の鈍化にあった!?　ほかにも、体の感覚が鈍くなることで、さまざまな現象が……。

# 猛暑でも寒いと言い張る センサー

## 感覚の鈍さが命の危険につながることも……

毎日約70〜80人の認知症患者さんを診療していると、「体の感覚センサーの大半が鈍くなっている」方が実に多いことを実感します。

例えば、次のようなケースは思い当たりませんか？

- **暑いのにエアコンをつけない。つけると寒いと言って消したがる**
- **トイレに頻繁に行きたがる**
- **ごはんを食べたのに、食べていないと訴える**
- **極端に甘いものや味の濃いものを好むようになる**
- **ケガや痛みに無頓着で気がつかない**
- **話相手の表情には敏感に反応する**

こうした現象は、どれも〝感覚の鈍さ〟や〝感覚の間違い〟が原因で起こっているのです。

夏になるとご家族から爆発的に増える相談が、「エアコンをつけない、寒いと言って消したがる」という悩みです。その原因となっているのは、暑さを感じにくくなっていること。しかも、間違って「寒い」と感じてしまうことさえあるのです。

まるで蒸し風呂のような部屋にいても、本人はケロリとした顔で「何ともない」と、いたって平気なようす……。ですが、そのまま放置していると脱水症や熱中症になり、大変危険です。

肌感覚が鈍くなって暑さを感じられないと、30度を超える気温にもかかわらずセーターや上着を着こんで来院されることも珍しくありません。

エアコンの悩みは夏になると、毎日10人くらい

体のあらゆる感覚が鈍くなって、暑さや痛み、満腹感がわからなくなるようです。本人はいたって平気なので、放置していると危険なトラブルを招いてしまいます。
榎本

のご家族から相談を受けます。この問題は、先述した買い溜めや物盗られ妄想（20ページ）と違い、命にかかわることなので、周りがサポートして適切な温度設定をする必要があります。

## 胃袋や膀胱の感覚も鈍くなる

また、「トイレに頻繁に行く」「ごはんを食べていないと訴える」などは、季節を問わず、年間を通して認められる現象です。両者とも直前にとった行動を忘れてしまう「病的な物忘れ」のせいではあるのですが、別の側面として、**膀胱や胃袋に尿や食べ物がどのくらい溜まっているかという感覚が鈍くなっていることも、大きな要因である**と私は考えています。

なぜなら、排尿したことや食べたことを忘れても、膀胱に尿が溜まっている、またはお腹が満たされている感覚さえしっかりしていれば、こういった現象は起こらないと思うからです。

## 味覚が鈍くなり、突然甘い味が好きになる

極端に食べ物の嗜好が変化することも、味覚が鈍くなっているために起こる現象だと考えています。**認知症の方は味がわかりにくくなり、繊細な薄めの味つけでは旨味を感じることが難しくなります。そのため、よく好まれる代表格が"甘いもの"です。**

まだ私が一般内科医師として外来勤務をしていたころの話です。80代の女性の血液検査をしたところ突然、血糖値が上がり糖尿病の状態になっていました。ご家族に伺うと、最近やたらとアメを欲しがるようになって、手放せなくなったのが原因ではないでしょうかという話でした。検査をしてみたらアルツハイマー型認知症の初期の段階だとわかりました。

この方は糖尿病の教育入院をした結果、アメの存在を忘れ、あっと言う間に血糖値が正常化しました。アメに限らず、おまんじゅうやケーキなど、これまで甘党ではなかったのに、甘いものを好むようになったら、認知症のサインかもしれません。

また、**ご高齢の方は塩分を好む傾向が強いのですが、認知症の場合さらに顕著となることが見受けられます。**これも、味を感じるセンサーが鈍くなっているからです。味がついている煮物に醤油を加えたり、おかずや味噌汁の味が薄いと言い始めたら認知症の始まりかもしれないので注意が必要です。

## 認知症になると痛みにも気づかなくなる

帯状疱疹《たいじょうほうしん》は日常の診療で頻繁に見られる、高齢者のポピュラーな病気です。

ご存じかと思いますが、帯状疱疹は体幹に帯状の湿疹が出現する病気で、厄介なのはかゆみだけでなく針でチクチク刺されるような激しい痛みを伴い、適切なタイミングで治療をしないと後遺症として痛みが一生涯続いてしまいます。

**帯状疱疹の湿疹と痛みは同時に出現することが多いのですが、痛みの感覚が鈍くなっているせいで湿疹の発見が遅れてしまうと、その後、痛みの後遺症が残ってしまうケースがあります。そのため、日常での皮膚の観察がとても重要になります。**

## 表情を見分けるセンサーはとても敏感

ここまでは体の感覚センサーが鈍くなったために起こる問題点について説明しました。

しかし、あらゆる感覚が鈍くなるのに、なぜか鋭敏になるセンサーがあります。それは**「話している相手の表情や口調から、自分に対して好意的なのか否かを見分けるセンサー」**です。

笑顔で柔らかい口調で接していれば味方、まじめな顔で強めの口調で接した場合は敵……というやや単純な見分け方をしがちです。この特徴を知っておくことは介護をするうえで非常に重要なので、診療でもご家族に必ずお伝えしています。

### 感覚の鈍化の特徴

- ☑ 暑さに鈍い。明らかに暑いのに「寒い」と言い張る
- ☑ 必要以上にトイレへ行きたがる
- ☑ 極端に甘いものや塩辛いものを好む
- ☑ ケガをしていても平気な顔をしている

# 「感覚の鈍化」が招く不思議な言動

## 永遠の0℃

### 猛暑なのにクーラーをつけない

気温が高くなったことでどこか違和感を感じていたとしても、暑いか寒いかがわからず、「風邪をひいたら困る」と思い込んでクーラーをつけることをためらう傾向があります。本人は平気でも、脱水症状や熱中症などに陥ると命にかかわるので、周りのサポートが必要です。

# トイレが呼んでいる

## 何度もトイレに立つ

失禁などの失敗は絶対にしたくないという気持ちから、「早めに行っておこう!」と考えてトイレに行き、数分後にはそれを忘れて「早めに行っておこう!」と再びトイレに……。せわしなく思えるかもしれませんが、失敗をして周りに迷惑をかけたくないという気持ちから引き起こされている行動です。

# またたく間に昼食を

## ごはんを食べてないと言う

食事をしたばかりなのに「ごはんはまだ?」と言うのは、認知症の方によくあるおなじみの光景です。満腹を感じる胃袋の感覚が鈍っているとともに、食べたこと自体を忘れているので仕方がありません。お腹が空いているから言っているわけではなく、むしろ空腹も感じづらくなっています。

# LOVE スイートメモリー

## 突然、甘党に変身する

もともと甘いものが好きではなかった方が、認知症になってから甘党になるケースがあります。味覚が鈍くなって、繊細な味を感じづらくなっているため、はっきりとした極端な味を好むのです。中でも「甘味」は脳が一番「おいしい！」と感じる味のようです。

# 無痛～感じない痛み～

## 痛みを感じづらくなる

認知症になると、痛みやかゆみを感じるセンサーが鈍くなります。中には骨折に気づかないで過ごしていたという方もいるくらいです。本人が痛くないからといって放置すると強い痛みが続く帯状疱疹《たいじょうほうしん》や、傷からの感染症、蜂窩織炎《ほうかしきえん》（51ページ）などの危険性が高まるので、注意深く観察することが必要です。

# 私を睨まないで！

## 怖い顔や強い口調が苦手に

あらゆる体のセンサーが鈍くなっていく反面、逆に鋭くなっていくのが、「相手の表情や口調」を見分けるセンサーです。この人は自分の味方なのか、敵なのか、怒っているのか、喜んでいるのか……。ほかの感覚が鈍くなっている分、ようすをうかがい、怖い顔をしている人を「敵」だとみなすことも……。

接し方のアドバイス

# 命にかかわる問題には積極的に対策を！ それ以外はシビアになりすぎず見守って！

まず、クーラーをつけないという問題については、暮らしている地域や同居の有無などによっても異なるので、それぞれに適した対策が必要です。

私のクリニックでは、夏になると私が手書きで書いた「クーラーはずっとつけっぱなしにしましょう。消さないように」というメモが飛ぶように売れていき、なくなるたびに何度も作成しています。もちろん、無料ですよ……(笑)。このメモを家の中の目につく場所に貼っておいたところ、以前よりエアコンをつけるようになったと、ご家族に喜ばれています。

また、最近のエアコンは進化していて、高温になると自動的

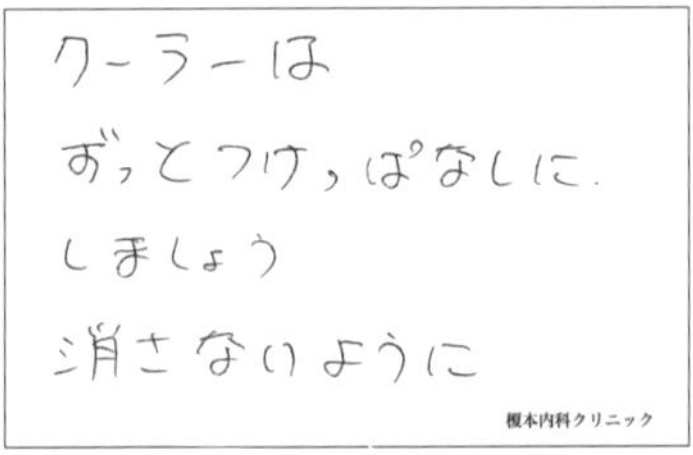


▲実際の手書きメモ。「クーラーを消さなくなった」と大好評

にスイッチが入って、室温が設定以下になると消えるという優れた機能を有した機種もあります。離れて暮らしている場合は特に、購入を検討するとよいかもしれません。またパソコンやスマートフォンの操作が得意なご家族では、インターネットでリモート操作ができるように設定して工夫されている場合もあるようです。

## 「トイレ行きすぎ問題」はイライラせずに前向きに見守ろう

トイレに行きすぎる現象については、意外に思われるかもしれませんが、対策を講じる必要性はないことがほとんどです。

**トイレに頻繁に行くのは注意力があるからこそであり、まだ認知症としては傷が浅い状態だからこそ起こる現象です。**「トイレの失敗は恥ずかしいし、介護者にも迷惑をかけてしまう……」と考え、用を済ませて自分の席に戻り、しばらくすると行ったことを忘れてまた同じことを繰り返します。同時に、尿意を感じにくくなっているため膀胱が空になっていることがわからず、またトイレに通うというわけです。

「何度も席を立つのでイライラする」というご家族もいらっしゃいますが、ただトイレに行っているだけなので、ボーっとして、イスに座りっぱなしでいるよりもいい運動になるとは思いませんか？　「家の中でもちゃんと運動をしてください」と指導をしても響かないことが多いので、むしろ足腰を鍛えることにつながる好ましい行動だととらえましょう。ですから、**基本的にはトイレ通いを遮ることはせずに、「今日は1時間で8回の最高記録を達成していたな。それだけ注意力と体力が維持できている証拠だ」と前向きにとらえるくらいでよいと思います。**

まあ、トイレの水道代が余計にかかるかもしれませんが、それも、同じ物を買い溜めする（33ページ）のと同様に、「月謝」として考えてください。逆にトイレに行かなくなったら、注意力が低下してきて、認知症が進行したサインかもしれません。

## 「ごはんまだ？問題」は、問題先送り方式で対応を

食事をしていないと主張されたら、「食べたでしょ！」と否定するのではなく、ご

はんを食べたい気持ちを汲み取り、「もう少ししたら用意をするので待っていてほしい」などと伝えるのが模範的な回答です。どうしてもすぐに食べたいと要求された場合は、前もって小さなおにぎりを冷凍しておき、それを解凍して渡し、「また後でちゃんと食べようね」と伝えれば、トラブルは回避できるでしょう。

これは**〝問題先送り方式〟という介護に欠かせない重要なテクニックですので、ぜひ身につけておきましょう。**

一方で、**問題を先送りにしてはいけないのは、〝痛みや病気〟**です。特に帯状疱疹《たいじょうほうしん》は、手遅れになると認知症になっても感じる強い痛みが一生残ります。また、入浴を怠っていると、皮膚とその下の組織に細菌が感染して炎症を起こす蜂窩織炎《ほうかしきえん》という病気になり、最終的に命を奪う敗血症《はいけっしょう》にもなりかねません。

**こうした病気を予防するため、お風呂できちんと体を洗うように伝えたり、デイサービスの入浴サービスなどを活用して清潔に保つことはとても重要です。**普段からケガや肌に異常がないかをこまめに確認することも意識しましょう。

# タイムトリップ劇場

家族の顔がわからない

## 第3幕　タイムトリップ

周りから信頼され、現役バリバリで輝いていた40年前……。子どもの世話に追われて忙しいながらも毎日充実していた50年前……。ふとしたときに、その時代にフワッと時間旅行へ。

## 現実と過去を行ったり来たり キラキラ

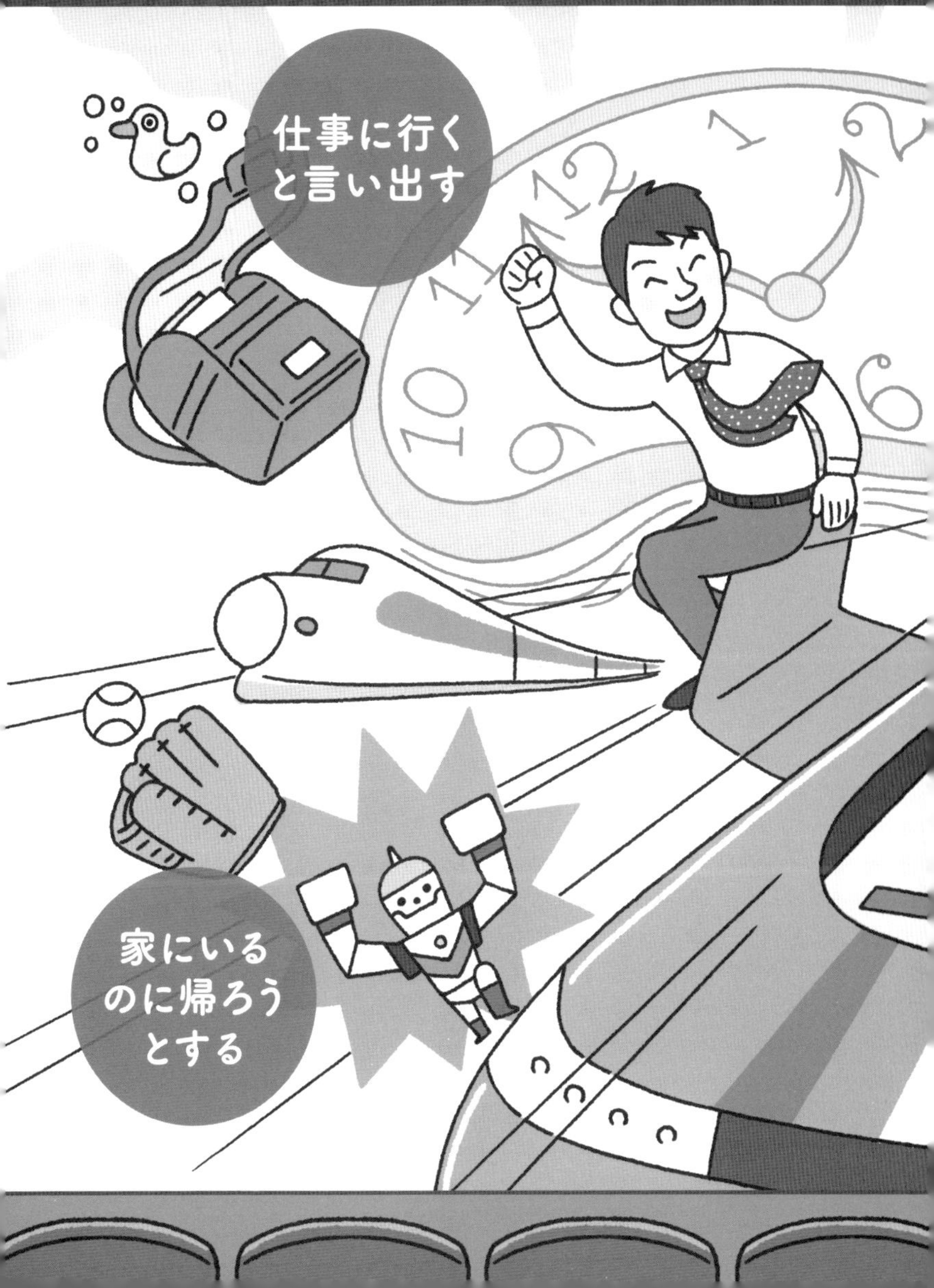
仕事に行くと言い出す
家にいるのに帰ろうとする

# 突然意識が過去に戻ってしまう……

ご家族からよく相談を受けることの原因が、**「タイムトリップ」**なのだと気がついたのは、私が認知症の研究と診療を始めてから20年以上経ってからです。

家族の顔がわからなくなる、仕事に行くと言い出す、孫の存在を否定する……。これは認知症の方にしばしば見受けられる症状です。一見、何の関連もないように思えるのですが、実はすべてタイムトリップという共通の原因によって生じる現象だったのです。**突如、まるでタイムマシンに乗って時空を旅しているかのように、意識が昔の世界に戻ってしまうというわけです。**

具体的には**30〜40年くらい前に一時的に戻ってしまうケースが多いようです。**

例えば、とある80歳の主婦の場合。タイムトリップをしているときは「自分は40代で、自分の夫も同世代で働き盛り」とまじめに思い込んでいます。

それなのに、今、自分の前に白髪のおじいさん（現実の夫の姿）がいます。自分は

40年前のつもりなので「え、この人誰？」と、思うのも無理はないですよね。あるいは40年前、自分の娘はまだ学生のはずなのに、中年の女性（現実の娘の姿）がいる……。「誰だろう？　でも親戚のオバさんとよく似ているから、もしかして、あの方かしら」と名前を間違えたりするのです。

## 脳のバッテリーが切れると起こりがち

顔を思い出せないようすを見ると、介護をしているご家族は、「自分のことを忘れてしまった!?」と傷つき、悲しい気持ちになります。

ですが、**認知症の方ご本人は、意識が一時的に過去の世界に戻っているだけなのです。**

「わからなくなっている」わけではなく、一時的に過去に戻った世界観の中で過ごしているだけなんですね。時間が経てばまた「今」に戻ってきます。
榎本

認知症になると脳の海馬《かいば》の萎縮による物忘れが始まり、次第に頭頂葉《とうちょうよう》の萎縮によって時間や空間の認識不足が起こります。すると、特に時間を認識することが目立って苦手になってきます。その結果として、「今が西暦何年何月何日で、季節はいつなのか」があいまいになり、タイムトリップが起こるのではないかと考えています。

認知症の方が日常生活を送るためには、低下している脳機能をフル稼働する必要があるわけですが、ときには無理がきかなくなる場面や時間帯があると推測されます。**無理がきかない、いわば、脳のバッテリーがうまく作動しない状態になると、この「タイムトリップ」が起こりやすくなると私は感じています。**バッテリーは、体も含めて疲れが出てくる夕暮れどきや、目覚めてすぐの寝ぼけているときに切れやすいです。

**タイムトリップはあくまで「時間旅行」なので昔に戻りっぱなしではありません。脳のバッテリーが回復すると、ちゃんと現実世界に戻ってきます。ですからタイムトリップしているとき、周囲は慌てずに、「ああ無料で時間旅行ができてよかったね」と思うくらいの心構えでいられるといいと思います。**

ご家族の話を聞いていると、**タイムトリップは、その方が最も充実して輝いていた時代に戻りがち**だと感じています。30〜40年前に戻ることが多いというのは、女性であれば、そのころを「一生懸命子育てをしていて大変だったけれど、充実した毎日で楽しかった時代」だと思っているのかもしれません。

認知症の方と過ごしていると、周りが驚いたり振り回されるような不思議な言動が、しばしば見受けられます。よくご家族からご相談されるのですが、その根っこにあるのは「タイムトリップ」によるものだと考えると、一元的に理解することができ、不安が少し軽減されるのではないでしょうか。

**タイムトリップの特徴**

- ☑ 家族の顔がわからなくなるときがある
- ☑ 突然、仕事に行くと言い出す
- ☑ 自宅にいるのに、家に帰ると言い張る
- ☑ 故人（亡くなった両親や親戚）が生きていると思い込む

# 「タイムトリップ」が招く不思議な言動

## もしもキミが若ければ

### 現役時代のつもりでいる

頭頂葉《とうちょうよう》という部位の機能が低下してしまうと、自分の置かれている時間の認識ができなくなります。自分が30～40年前にタイムトリップすると、奥さんも若い時代の姿に戻ってしまいます。そのため、目の前にいる女性を配偶者の母親や親戚と間違えてしまう……というケースがよくあります。

# 孫との遭遇

## 孫が生まれていない時代にいる

子育てを熱心に頑張っていた時代にタイムトリップしている場合、その時代、孫はまだ生まれていないため、知らない人だと思ってしまいます。また、孫が小さい幼稚園児の時代にタイムトリップすると、大きくなった姿がわからないというケースもよくあります。このときは、孫の存在を忘れているわけではありません。

# 栄光への記憶

## 会社へ行くと言い出す

バリバリ働いていた現役時代にタイムトリップしているため、「仕事に行く」「遅刻をした、会議に間に合わない」と言い出します。もともと仕事熱心だった男性に起こりやすい現象で、長めの昼寝の後や、脳のバッテリーが切れやすい夕方に起こりがちという特徴もあります。

# 夕日と共に去りぬ

## 家にいるのに帰ろうとする

自宅にいるのに突然「帰る」「そろそろお暇《いとま》します」と言い出すのは、脳のバッテリーが切れて、若いころにタイムトリップし、昔住んでいた家に帰ろうとしているのです。また、日が暮れて暗くなると家の中のようすが普段と変わって見えるため、「自分の家じゃない」と勘違いして、家に帰ると言うパターンもあります。

# 僕がいる幸せな世界

## 故人を生きていると勘違い

実際は数年前に亡くなっているのに、自分の両親や兄や姉がまだ生きていると思い込んでいる……というケースは診療で多々見られます。大切な家族が亡くなったことを覚えていないのであれば、無理にそれを言い聞かせる必要はなく、「まだ生きている」と思っていても問題ないと私は考えます。

# 華の独身時代

## 苗字を呼ばれても気づかない

結婚前の「うら若き娘時代」にタイムトリップしているため、旧姓で呼ばれないと自分のこととは思えないのです。こうしたケースでは、瞬間的にその時代に戻っているだけで、すぐに現実世界へ戻ってくる場合がほとんどです。ずっと今の苗字がわからないわけではないので、安心してください。

接し方のアドバイス

## 時間旅行からは戻ってくるので、本人の幸せな世界を乱さない対応を

タイムトリップが起こっているときは、バッテリーが作動せず、脳機能がほぼ使えていない状態のため、判断能力は完全にショートしています。つまり、正論で一から十まで説明しても埒《らち》が明かない可能性が高いです。むしろ、本人が思い込んでいることを否定すると、余計に混乱するどころか、逆上するおそれさえあるでしょう。

**適切な対応としては、思い込みとわかっていても、いったん主張を聞き入れたうえで、問題を先送りする方法です**（51ページの「ごはんを食べていない」と言われたときと同じ対応ですね）。家にいるのに「家に帰る」と言い出したり、働いていないのに「仕事に行かなくては」という主張に対して、「わかったよ。でも今すぐじゃなくてもいいと思うよ。明日の朝にしてみたらどう?」と説明をしてあげるのです。

**タイムトリップは「時間旅行」なので、一晩経てば、ほぼ例外なく今に戻ってきます。**翌日になっても「昨日話してたとおり、朝から仕事に行ってくるから！」などと言うことはないのです。

タイムトリップを知らないと、「突然不思議なことを言い始めた……少しでも早く現実に引き戻してわからせなくては」と、戸惑ってしまうのも無理ありません。ですが、実際はタイムトリップしたままでも問題ないことがほとんどです。それならばいっそのこと、原因と対策を理解したうえで、自分の輝いていた幸せな時代に、気分よくタイムトリップして過ごせるよう周囲がサポートしてほしいと私は思っています。

タイムトリップしている最中は、正論で対応しようとしても、お互い疲弊してしまうだけです。それならば、問題を先送りにしたほうがお互いに幸せでしょう。

# ワンダーランド劇場

## 第4幕　気候の変動

春になったら、お外におでかけ！でも、秋はちょっぴりセンチメンタル……。実は台風や低気圧が近づくのを予想する秘密のパワーも？知られざる、認知症ワンダーランドへようこそ。

春のワクワク
秋のシクシク

# 気候イン

# 気候の変動で症状がコロコロ変わる……

日々、認知症の方々を診察していると、「人間はやはり動物なんだな」とつくづく感じることがあります。「そんな感想はいいから、認知症に関する有益な情報を教えてよ！」と怒られそうですが、今から説明する現象は、意外と本質をついている話かもしれませんよ。

どんなところが動物らしいのかというと、**「気候の変動に影響される」**という点です。例えば、寒い冬から心地よい気候になる春は、なんとなくウキウキ、ワクワクした気分になりますよね。春になると動物も冬眠から目覚めたりして活動性が上がるわけですが、これは認知症の方も同じです。冬は寒くて外に出たがらなかった人も、春になると出かけやすくなります。ですが必要以上に気分が高揚しすぎると、「外に出て、何かしないといけない！」と思い込み、外出はしたものの目的を忘れて迷子になり、やがて徘徊《はいかい》につながってしまうこともしばしばです。

**春のワクワク感がプラスの活動性につながるならよいのですが、マイナスの活動性が上がると、易怒性《いどせい》（ささいなことで怒りっぽくなる）や暴力行為にまで発展してしまうことも……。**

そう、春というシーズンは、認知症介護の面では非常に厄介な時期なのです。

私のクリニックではこのような春の特性を、「春のキャンペーン」と呼んでいますが、不思議なことにスギやヒノキの花粉症の時期とほぼ一致しているのです。ですので、**早い人は2月ごろからキャンペーンが開催され、期間が長い人でもゴールデンウイークごろには治まります。**そのため、キャンペーン期間に備えて、介護環境を整えたり、落ち着くための頓服薬《とんぷくやく》（症状が出たときに飲む薬）などの武器を用意したりして、ご家族に対応策をアドバイスしています。

不思議な言動が続くととても不安になると思うのですが、**「春の嵐が過ぎてゆくのを待つ」と考えられれば、終わりが見えるため、気持ちの持ちようがずいぶん変わりますよね。**

## 秋は「夕暮れ症候群」の症状が悪化する

春とは逆で、秋は、日が短くなり寒くなるのでメランコリック（憂うつ）になりやすいシーズンです。一番典型的なパターンは、夕方になるとソワソワして落ち着かない「夕暮れ症候群」の症状が特に悪化しやすいこと。私は、夏よりも早く暗くなることがその原因だと考えています。**うつ病の症状も、日照時間が短い時期は悪化しやすいことが各種医学研究で知られていますので、日が短くなったことを体で無意識に感じているのかもしれません。**夕暮れ症候群は、夕方になって暗くなると、家の中や街の景色が日中と違って見えてしまうことも原因の一つだと推測されています。

この夕暮れ症候群は、先述の「タイムトリップ」現象とも少し関係しています。夕方になると脳のバッテリーが切れしてしまうと説明しましたが、単純なバッテリー切れというよりも、**気持ちがざわざわしてしまうため脳がエラーを起こし、正常に作動しなくなる**……というイメージが近いのかなと思います。

## 気圧の変動が情緒の乱れを招く

認知症の方で情緒が不安定なタイプの方は、低気圧が近づいてくるとようすがおかしくなる傾向があります。特に、台風シーズンはそれが顕著です。

私のクリニックは東京にあるのですが、台風の中心がまだ九州辺りなのに、情緒が乱れてしまうという方も多数いらっしゃいます。「そんなに遠くなのに？」とお思いでしょうが、台風クラスの大きな気圧の変動は、距離があっても情緒の乱れを招くと感じています。最近増えているゲリラ豪雨や雷も、情緒の不安定さに影響を及ぼしているのかもしれません。

### 気候の変動の特徴

☑ 春になると気分が高揚して徘徊《はいかい》が増える

☑ 秋になると不安な気持ちになり、落ち込みがちになる

☑ 夕方暗くなるとソワソワする

☑ 低気圧が近づくとイライラして怒りっぽくなる

# 「気候の変動」が招く不思議な言動

## ラ・ラ・ランラン

### 春になると徘徊《はいかい》が増える

「春爛漫《はるらんまん》」という陽気になると、ルンルンとした楽しい気分が高まります。「いつもより遠くまで行こう」と思って足を伸ばした結果、迷子になってしまうケースも見受けられます。この症状が増えるのはなぜか花粉症のシーズンとほぼ一致しており、2月ごろから始まり、5月ごろには治まります。

# 春の高揚物語

## 春になると暴力的になる

春になると気分が高揚しがちになる……というのは認知症の方々によくあることですが、特に前頭側頭型認知症（94ページ）の患者さんの場合は、感情のブレーキが外れると、怒りっぽくなり、暴言や暴力が増えることもあります。その場合、頓服薬《とんぷくやく》等で気持ちを落ち着かせるケースもあります。

# 秋の処方箋

## 秋にメランコリックになる

秋になると、もの悲しい気分になったり、落ち込みがちになる方が増えます。日照時間が長かった夏が終わり、だんだんと早く暗くなるため、不安感が高まるようです。早い方だと気温的にはまだ暑い9月の中旬から、行動力が落ちたり、無気力状態に陥り、秋が深まるにつれてその傾向が目立つようになります。

# 駆け抜けろ師走！

## お正月が近づくと張り切りだす

「気候の変動」とは違ったことですが、年末やお正月が近くなると、テレビCMや街のせわしさに巻き込まれ、普段とは違う行動をする人もいます。特に「昔はお正月になると家族や親戚が大勢集まっていた」という家庭の主婦の方は、「何かしなくてはいけない」と、意味もなく物の出し入れをし始めたりします。

# 時計じかけのやり残し

## 夕方になるとソワソワする

夕方になると焦燥感や気持ちのソワソワが高まり、「何かやり残したことがあるんじゃないか？」、「今日のうちにやらなければいけないことがあったのでは？」と思い込み、思いもよらない行動をとることがあります。昔、夕食作りや子どものお迎えなど、夕方の時間帯に多忙だった主婦の方に多い現象です。

# 沈黙の虫たち

## 夜になると幻覚が見える

「幻覚が見える」というのは、レビー小体型認知症（92ページ）の方の特徴的な症状です。昼間に幻覚が見えることは少なくて、夜間になってからリアルで気味の悪い虫や人が出現することが多いのです。夜になると暗いため、物の見え方の歪みが強くなるからだと推測しています。

# 低気圧の空に

## 低気圧のときに不調になる

　低気圧が近づいているだけで、落ち着かなくなったり、物忘れがひどくなる方もいます。また、台風やゲリラ豪雨が近づいてくると、問題行動が増えることも……。気圧の変化を本能的に感じられることは、「動物として優秀」だといえますが、症状もコロコロ変わるため介護する家族はちょっと大変です。

# 雨に唄えない

## 雨が降るとやる気が出ない

雨の日になると活動量が低下するため脳の血液循環量が減り、体調が悪くなったり気分が落ち込んでしまい、1日中寝込んだり、ゴロゴロしてしまう……という方もいます。特に、脳の血管が詰まって血流が悪くなっている、脳血管性認知症（90ページ）の方に顕著に見られる特徴だと感じます。

接し方のアドバイス

# 気候の変化を症状悪化の予兆ととらえ、前もって環境整備に取り組みましょう

秋の紅葉シーズンと、春の「高揚」シーズン……（笑）。対照的なこの2つの季節には、認知症の方の症状の出方のコントラストがはっきりと現れます。**季節による症状の出方を把握できれば、前もって心の準備と環境整備に取り組むことができます。**例えば、調子が悪いと感じる季節は、家にいる時間を短くするためにデイサービスの利用回数を増やす、この時期に有給休暇を多めに取るように調整をしておく……などの見通しが立てられます。また、雨の日にやる気がなくならないように、家の中でも楽しめる塗り絵やパズルを用意したり、スクワットなどの軽めの運動を行うように声をかけるなど、不調への対応策を準備しておくとよいと思います。

77ページで紹介した**レビー小体型認知症の幻覚に対しては、夜間もできるだけ家の**

**中を明るい状態にしておくことをおすすめします。**それも、いくつもの電球の影が重なり合うような間接照明は使わず、単純に白くて明るい蛍光灯がよいでしょう。光によってできた影が見間違えの原因となりやすく、また、外から入ってきた車のライトや街頭の影も幻覚につながりやすいからです。幻覚が見えるという訴えに対しては、「そういうのが見えると気持ち悪いよね」と同意してあげてください。「見えないし、そんなものは存在しない」などと強く否定するのはNGです。

**気候による体調や症状の変化が激しい場合は、病院に相談することも有効です。**

認知症の問題行動を軽減する内服薬を上手に利用することで、気候の変動による悪影響を最小限に抑えることも可能です。私のクリニックではデイサービスのある日とない日で薬の飲み方を変えるなど、オーダーメイドの薬物治療を行っており、自宅での療養が平和に過ごせるようお手伝いをしています。

調子がよい日と悪い日の差が大きくて、「もしかして、気候の変動に左右されているかも？」と思ったら、まずは主治医に相談してみましょう。

## その人らしく暮らせるサポートが花を咲かせる

ここまで解説してきた、①病的な物忘れ、②感覚の鈍化、③タイムトリップ、④気候の変動といった4つの根本原因を、樹木の根っこだとイメージしてみてください。

樹木は根っこの生え方によって、一本一本の幹の太さや枝ぶり、花や葉のつき方が異なります。認知症の方も一人一人、根っこの生え方が違う（4つの根本原因の比重が違う）ため、症状の出方や特徴も大きく異なるのです。

認知症になると、「すぐ忘れる」「意欲がなくなった」「料理を作らなくなった」など、ついついできなくなったことばかりに目が行きがちですが、大事なことはそこではありません。

**幹や枝がしっかりしていて、樹木全体のプロポーションが保たれているかどうか。つまり、その人が保てている能力や長所という花を咲かせ続けられているか、その人らしく暮らせているかという全体像を見ることが、最も重要なのです。**

多少のトラブルがあってすぐに花が咲かなくても、家族や周りのサポートで、「自動回路システム」がうまく発動するよう構築できていれば、自活ができたり、その人らしく長く暮らすことができるでしょう。また、気圧や気候の変動で不安定になっても、周囲が弱点をサポートすれば、心と体のバランスが崩れることも防げます。

体の感覚が鈍くなってきたら、ビニールハウスの中に入れて（時にはプロの介護の力を頼って）、空調や栄養の管理さえしてあげれば、まだまだ元気に過ごすことができるでしょう。

**私のような認知症専門医は、いわば樹木医です。そして、周りをサポートするご家族やヘルパーさん、看護師は樹木を近くで支える植木屋さんです。その人らしさを保ち続けるため、花が枯れないよう、枝が折れないように精一杯支えていきましょう。**

認知症の方は物忘れをするだけでなく、だんだん身の回りのことが今までどおりできなくなってしまいます。**末永く、その人らしく幸せに暮せるように、認知症の世界を正しく理解し、無理せず効果的にサポートしていきましょう。**

4つの根っこの生え方で症状の出方は異なります。
家族や周囲のサポートで本人らしく暮らせることが、
認知症の進行を抑え、幸せの花を咲かせるのです！
変わった形の木だけど花はキレイ！
病的な物忘れ
感覚の鈍化
タイムトリップ
気候の変動
榎本

枝ぶりの悪いところはみんなでサポートしよう！
幹がしっかりしているから大丈夫だね
気候の変動
タイムトリップ
感覚の鈍化
病的な物忘れ
気候の変動
タイムトリップ
感覚の鈍化
病的な物忘れ

# 4大認知症について知っておこう！

パート1の最後に、もう一つ、認知症の基礎知識として大切なことをお話ししたいと思います。認知症の方は季節や時間、気候の変動で体調が左右されやすいというエピソード（72〜79ページ）のところで少し話題にしましたが、**認知症にはさまざまな種類があるのです。**

「認知症」＝《イコール》「アルツハイマー型認知症」と考えてしまう方がとても多いことを、日々の診療で感じています。たしかにアルツハイマー型認知症が最も多いのは間違いないのですが、そのほかの認知症についても知っておいていただきたいのです。

認知症にはいくつかの種類がありますが、代表的なのが次の4つです。

**①アルツハイマー型認知症**
**②脳血管性認知症**
**③レビー小体型認知症**

### ④前頭側頭型認知症

「認知症かも……」と思って病院を受診すると、検査、体全体の健康チェック、頭部の画像検査などを行って、認知症なのか、そして、認知症の場合は、どの種類なのかを診断します。

なぜ認知症の種類の診断が必要かというと、**効果がある薬や気を配るべきケア方法が変わるからです。正しく診断・治療することこそが、認知症を進行させないためにとても大切なのです。**

また、アルツハイマー型認知症と、ほかの認知症を併発している「混合型認知症」のケースもあり、私のクリニックに訪れる患者さんでも、混合型認知症の方は珍しくありません。

図1-1　基礎疾患の内訳

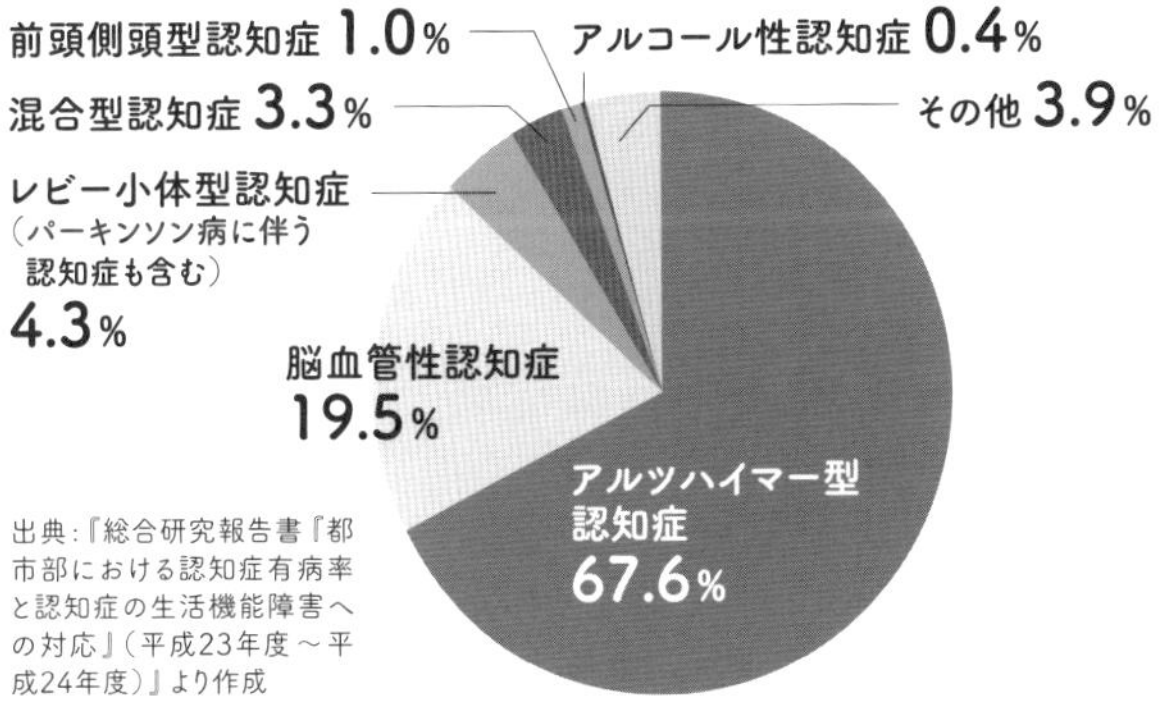


出典：『総合研究報告書『都市部における認知症有病率と認知症の生活機能障害への対応』（平成23年度～平成24年度）』より作成

# ① アルツハイマー型認知症

## 原因と特徴

アミロイドβタンパクとタウタンパクという老廃物が溜まることで、脳の神経細胞が減少していきます。その影響を受けて脳の中にある海《かい》馬《ば》が萎縮し始めて、記憶障害などが起こります。まだ詳しくわかっていないこともありますが、環境、遺伝、生活習慣などの要素が絡み合って発症すると考えられています。まず、病的な物忘れから始まり、だんだん物事の判断や理解ができなくなっていきます。

### 典型的な症状

- ☑ 最近のことを覚えていない
- ☑ 日付や時間がわからなくなる
- ☑ 場所がわからず道に迷う
- ☑ 段取りが悪くなる

**アルツハイマー型認知症**
**豆知識**

この病気が最初に見つかったのは100年以上も前のこと。「アルツハイマー」は発見したドイツ人医師の名前だよ。

### アルツハイマー型認知症の困った症状

#### 徘徊《はいかい》

出かけるときには何らかの目的で外出していても、出先で目的を忘れてしまうことがよくあります。また、自分の居場所がわからなくなり、迷子になってしまいまうことも。

2

# 脳血管性認知症

調子がいいときと悪いときの差が激しいなぁ

お茶を飲んで散歩すると
頭の調子がいいぞ〜

## 原因と特徴

脳の血管が詰まったり破れたりすることから障害が起こる病気。脳のどこの部分がどのくらい傷ついたかによって症状が変わるのが特徴です。例えば言葉をつかさどる部位が障害を受けると失語症に、意欲をつかさどる部位が傷つくと無気力・無関心に、逆に理性的な部位が傷ついて暴力的になってしまう……など、できなくなることや現れる症状が人によって異なります。

### 典型的な症状

- ☑ よいときと悪いときの振れ幅大
- ☑ 認知症が急に進むことがある
- ☑ 治療に加え水分補給と運動が肝心
- ☑ 体のバランスが悪く歩くのが遅い

**脳血管性認知症 豆知識**

40年ほど前までは「日本人はアルツハイマー型認知症よりも、脳血管性認知症のほうが多い」というのが常識だったんだ。

### 脳血管性認知症の困った症状

## 活動量が低いと無気力に

初期の脳血管性認知症では、活動量が低いとますます無気力になり、悪循環に陥ります。また、調子の良し悪しが気候に左右されやすく、昨日できていたことが今日できないなど、日や時間帯で症状にばらつきがあります。

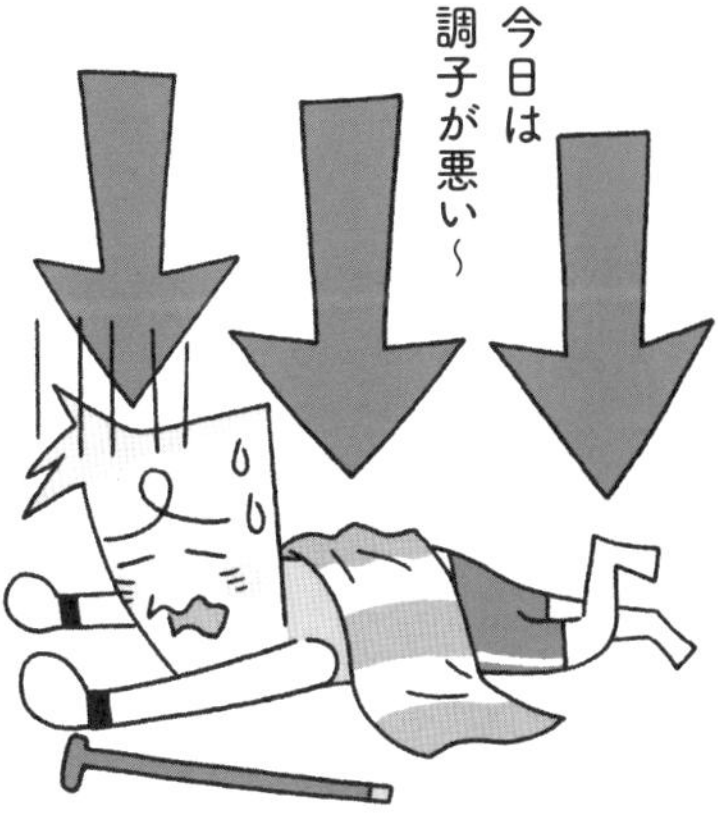

# ③ レビー小体型認知症

## 原因と特徴

脳の神経細胞の中に「レビー小体」という構造物が溜まることで、神経細胞がうまく働かなくなる病気です。一番の特徴は「幻視」で、70パーセント以上の人が、人や動物、虫など、実際に見えないものがありありと見えます。また、パーキンソン病と同じような歩きにくさがあるため、転びやすくなったり、小刻みな歩き方になります。頭がしっかりしているときと、混乱しているときの差がかなり激しいのも特徴です。

### 典型的な症状

- ☑ 存在しないものが見える
- ☑ 寝ごとを大声で言う
- ☑ 前かがみの姿勢でとぼとぼ歩く
- ☑ うつ症状で発症することあり

**レビー小体型認知症 豆知識**

パーキンソン病は、レビー小体が脳の幹部だけに溜まる病気。レビー小体型認知症は、物を考える大脳にもレビー小体が溜まるんだ。

### レビー小体型認知症の困った症状

#### 寝言が大きく、暴れる

夢を見ている間も筋肉が働いていることがあり、夢につられて寝ながら大声を出したり、体をバタバタと動かします（レム睡眠行動異常）。隣で寝ている人を起こしてしまい、家族は寝不足になりがちに……。

# ④ 前頭側頭型認知症

## 原因と特徴

神経細胞にタウタンパクとユビキチンが溜まった結果、脳が萎縮する病気です。アルツハイマー型認知症は海馬《かいば》という記憶をつかさどる部位から萎縮が始まるのに対し、前頭葉《ぜんとうよう》や側頭葉《そくとうよう》から萎縮が始まります。これらの部位の萎縮が進むと、周りの気持ちを考えることができなくなったり、万引きで警察に保護されたりします。

### 典型的な症状

- ☑ 怒りっぽくなる
- ☑ 同じ行動を繰り返す
- ☑ 言葉が出にくくなる
- ☑ 欲しい物を盗ってしまう

### 前頭側頭型認知症 豆知識

性格変化や万引きなど感情のブレーキがかからないタイプが有名。会話がうまくできないタイプもいるよ。

### 前頭側頭型認知症の困った症状

## 「わが道」を行きすぎる

理性による抑制が利きにくくなるため、欲しい商品を万引きしたり、道でつばを吐いてしまったりと、トラブルにつながる行動が目立つように。本人は悪意がないので、注意されても平然としています。

# 日々の「困り事ノート」が、有効な診断材料に

認知症の4大症状について簡単に解説しましたが、実際のところ、同じアルツハイマー型認知症でも、バリエーションがあって、いろいろなタイプの方がいます。特にレビー小体型認知症に関しては、さらに症状のバリエーションが豊富です。

どの種類の認知症なのかを診断し、その人に合った効果的な治療を導き出すのはそう簡単なことではありません。そこで重要となるのが、ご家族や介護職員からの、患者さんのようすの報告です。

認知症を疑って病院を受診する際は、**日々困っている行動や気になっている行動をノートにまとめておき、医師に提出することをおすすめします。**診察の時間は限られていますから、箇条書きでまとめておくとよいでしょう。

「どんなことがあったか、教えてください」と言うと、どうしても物忘れに関するエピソードに集中しがちなのですが、それでは認知症の症状のごく一部分しか伝わりま

せん。**「どんな行動が、生活に支障をきたしているか」という点を、具体的に書き出してください。**

そのノートは、適切な診断と治療の材料になるだけでなく、「夕方以降に気分が不安定になって暴れ出すのか……。それならば、気分が落ち着くタイプの薬を、午後3時ごろに服用してもらったらどうか」など有効な対策を立てるのに役立ちます。

私のクリニックでも、患者さんのご家族には日々の困り事をノートにまとめていただいています。この方法だと、治療の効果が短時間で伝わるだけでなく、ご本人の前では言いづらいことも遠慮なく医師に伝えることができます。否定的な意見を聞かなくてすむので、患者さんのプライドを傷つけることもありません。

## 「困り事ノート」のメリット

- ☑ 認知症の診断や治療方針を決める材料になる
- ☑ 診察時間内に医師が状況を把握できる
- ☑ その人に合わせたオーダーメイドの治療を受けやすい
- ☑ 問題点が整理され、医師への伝え忘れが防げる

PART 2

後悔しないために
知っておきたい

# 認知症が進行する人・しない人の4つの分かれ道

❶ 認知症の兆候に気づけるか…
❷ 専門病院を早めに受診できるか…
❸ 治療薬の管理ができているか…
❹ 生活習慣を整え、実践できるか…

医療の発展により、認知症治療の選択肢が広がり、進行を食い止めることができるようになってきました。そのためには、介護者が正しい選択をすることが重要です。ここでは、受診や治療の道のりで迷いがちな4つのポイントを解説します。

# 4つの分かれ道とは？

多くの方が、「家族が認知症を発症したらもうおしまいだ……」と考えているかもしれません。

ですが、安心してください！

**認知症は現在、〝医療の力〟で、進行を防げるようになりました。また、〝介護の力〟で、ご家族の先の見えない不安や負担を軽減することもできるようになりました。**

この2つの力をうまく使うことで、認知症のあらゆる症状の悪化を防ぎ、ご本人とご家族が末長く、穏やかに暮らすことができるでしょう。

そのためには認知症の早期発見と治療の正しい選択が必須

## 認知症を進ませない

条件。**何の手も打たないで過ごしていると、坂道を転がるように、みるみる症状が悪化していき、あっという間に重症化することもある……**ということです。

このパートでは、ご家族のようすを見て「もしかして、認知症かも……」と感じている方に向けて、どのような選択をし、どんな行動を起こせば認知症の進行を遅らせることができるのか、4つのターニングポイントをお伝えします。

4つのなかで、特に重要な分かれ道が、**「認知症の兆候に気づけるか…」**です。家族が認知症だと認めたくないために、受診という一歩が踏み出せない方はとても多いです。

その気持ちはわかりますが、まず、早期に異変に気づき、病院に行って検査をする道を選べると、その後の進行度合いは大きく変わります。

検査の結果、認知症でなければ、これから認知症予防に徹すればよいですし、認知症であった場合も、適切な治療と介護の工夫で進行を遅らすことができ、これまで通りの生活を続けられる可能性がグンと高まります。

**認知症の方のために周りができることは、「本人も自分もできるだけ笑顔でいられる選択をし続けること」なのです。**

「ああしておけばよかった……」と後悔しないために、このパートのアドバイスを、ぜひ参考にしてください。

認知症の兆候に気づけるか…
進行しない
進行する
分かれ道
その1

# 認知症は早めの行動ですべてが決まる！

アルツハイマー型認知症は、病気が始まってから症状が現れるまで何年くらいかかるかご存じでしょうか？　一般の方に向けての認知症の講演会でこの質問をすると、ほとんどの方は「10年くらいかな？」とお答えになりますが、正解は約20年後。つまり、**病気が始まってから発症まで20年のタイムラグがあるのです。**

アルツハイマー型認知症の大半は、アミロイドβタンパクが脳に蓄積することから病気が始まります。この本を執筆している現在、私は57歳なのですが、77歳ごろにアルツハイマー型認知症の症状が出る……とすれば、もう脳内では病気が始まっているかもしれないのです。読者の皆さんも、知らず知らずのうちにすでに病気が始まっている可能性があります。

アミロイドβタンパクが溜まると、その後、タウタンパクという物質が神経細胞の中に蓄積していきます。すると神経細胞が減少して脳萎縮につながっていきます。

図2-1

## アルツハイマー型認知症の進行の仕方

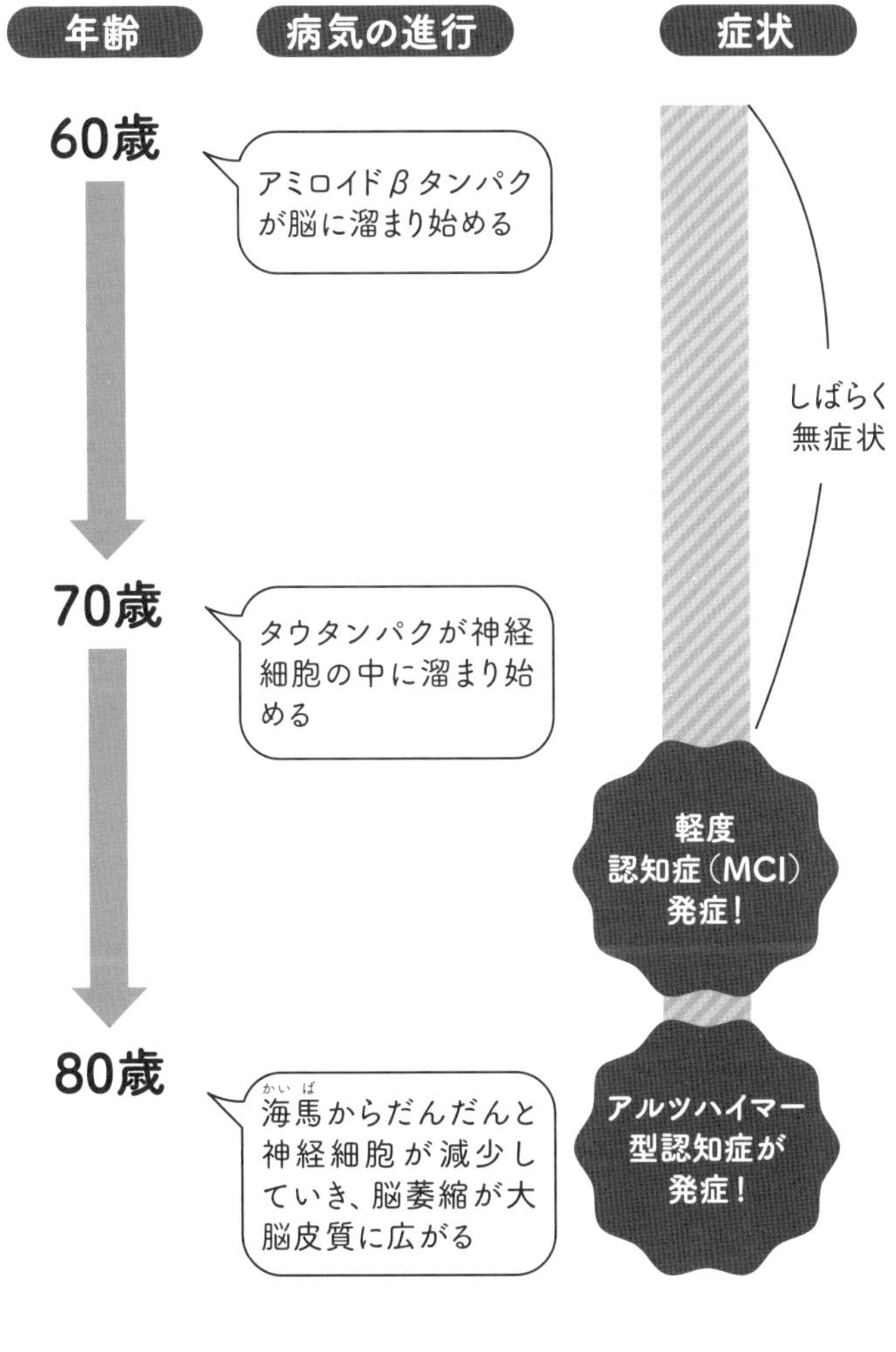

# 画期的な認知症の薬が開発された！

近年の医学の進歩により、このアミロイドβタンパクや、タウタンパクの異常な蓄積は、血液検査でも測定が可能となりました。つまり、検査によって、「自分が今後、アルツハイマー型認知症になりそうかどうか？」がわかるのです。

また、PET《ペット》検査という画像診断を行うと、アミロイドβタンパクが、実際に脳にどれくらい蓄積しているかを可視化することもできるようになっています（この画像診断は保険診療でも一部利用できます）。

さらに、驚くべき進歩もあります。2023年、この**アミロイドβタンパクを除去する薬が認可されました。**アルツハイマー型認知症の初期の段階でPET検査を行って、アミロイドβタンパクの蓄積が認められたとします。そこで**新しく認可されたアミロイドβタンパク除去薬を投与し、脳のアミロイドβタンパクを除去できれば、認知機能の低下を先送りにする効果が期待できるのです！**

図2-2

## アルツハイマー型認知症の進行と薬の種類

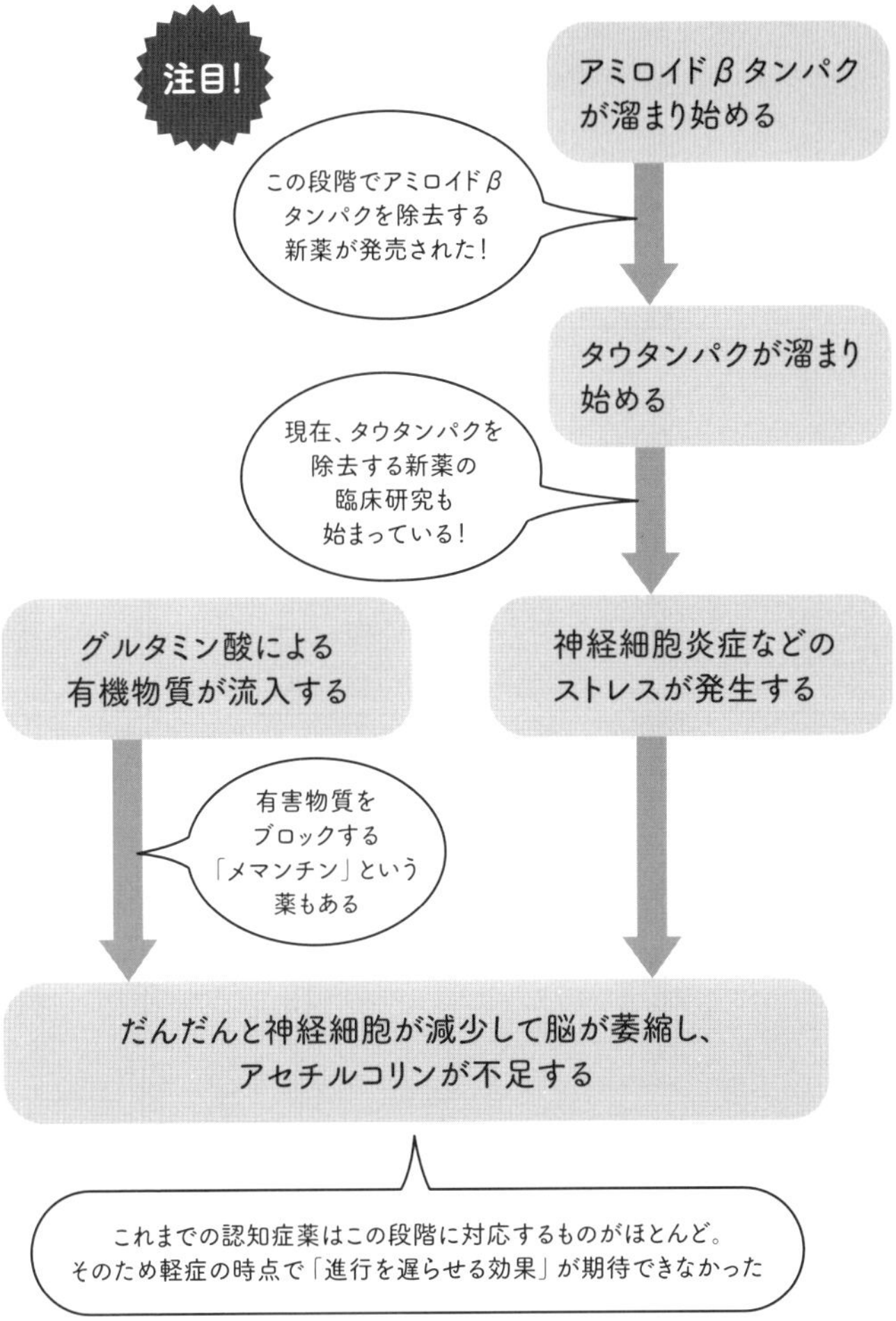

# 認知症が進行してからの薬の効果は期待薄

前ページの図2－2のとおり、これまで使われてきた認知症の薬は、病気が進行しきった先の状態に対応するものでした。言い換えれば、**治療として、症状を抑えたりすることはできるのですが、「病気の進行を止める」という観点からすると、効果があるとは言い難かったのです。**

アルツハイマー型認知症を川に例えるとすると、アミロイドβタンパクを除去する薬は、病気の最上流に対する治療薬で、これまで使われてきたそのほかの薬は、病気の下流の治療薬というイメージです。

つまり、新薬であるアミロイドβタンパク除去薬は、病気の最上流での処置ができ、症状が軽い時点で進行を遅らせる効果が期待できるのです。さらに現在タウタンパクを除去する治療薬も研究が進んでおり、臨床実験がスタートしています。今後ますます、病気の上流で対処できる治療薬の選択肢も広がっていくと考えられています。

## 病院へ行かないと治療は始まらない

ここで大切なことは、アミロイドβタンパクを除去する薬や、現在研究が進んでいるタウタンパクを除去する薬は、認知症が進行しきってからでは、薬の効果への期待が薄くなるということ。

**進行を遅らせるためには、MCI《エムシーアイ》（軽度認知障害：Mild Cognitive Impairment）という一般的には「認知症のグレーゾーン」と言われる段階、もしくは認知症の初期に治療をスタートしなくてはいけないのです。**

現に、アミロイドβタンパクを除去する薬は、アルツハイマー型認知症の初期の段階を過ぎると効果が期待できません。

「物忘れが増えたな……」と不安に感じた時点で、実はもう認知症のごく初期の段階まで進んでいるのかもしれません。せっかく**進行を予防できる薬が開発されたわけですから、できるだけ早く医療機関を受診することを強くおすすめします。**

## 「ちょっとおかしい？」と思った今が受診どき！

残念なことに、アルツハイマー型認知症の診断を受けることは、半ば死の宣告に等しいという考えから、「早期に診断したとしても、家族の絶望が早まるだけだ」などと平気で言う医療者もまだまだいます。ですが、先ほどの新薬の情報を知った皆さんは、このような考えは明らかに間違えであることをおわかりいただけますよね。

今や認知症は、発見・診断・治療が早ければ早いほど、進行を食い止められる病気なのです。**「最近、ちょっとようすがおかしい……」と思ったときこそが、病院に行くベストタイミングです。ここで受診することこそが、その後の症状を悪化させない最初の一歩であり、最も重要な分かれ道を突破する正しい選択なのです。**

左の表は、老化による物忘れと、アルツハイマー型認知症による病的な物忘れの違いです。「物忘れ」をきっかけに認知症に気づくことが多いと思うので、受診の参考にしてみてください。

表2-1

## 「老化による物忘れ」と「認知症による病的な物忘れ」の違い

**老化による物忘れ**

- ☑ 体験の一部を忘れる
- ☑ ヒントを与えられると思い出せる
- ☑ 時間や場所などの見当がつく
- ☑ 日常生活に支障はない
- ☑ 物忘れに対して自覚がある

**認知症による病的な物忘れ**

- ☑ 体験自体を忘れる
- ☑ 新しい出来事を記憶できない
- ☑ ヒントを与えられても思い出せない
- ☑ 時間や場所などの見当がつかない
- ☑ 日常生活に支障がある
- ☑ 物忘れに対して自覚が乏しい

出典：池田学『認知症 専門医が語る診断・治療・ケア』（中公新書）より作成

## 自ら受診をする人も増えている

「親に『認知症かもしれないから、病院に行こう』と言うのは、なんだか気が引ける」という方もいるかもしれません。ただ私は、昔に比べて認知症に対する世間の認識や理解は全体的に進んできたと感じています。

たしかに、クリニック開業当初の2009年ころは、ご家族から「先生、今日はインフルエンザワクチンの予防接種だよ、って嘘をついて認知症の検査に連れてきたので、口裏を合わせてください」と言われ、困り果てながら「今日は予防接種ですが、そのほかに、『物忘れ』などで困ってはいませんか？　簡単に原因を調べてみましょうか？」と一芝居打つ……なんてこともありました。

しかし、開業から15年近くたった今は、そういったご家族はごく少数派です。テレビや雑誌でも認知症について特集されることが増え、病気に関する正しい情報が広まったためでしょう。**「最近、ちょっと物忘れが多くて不安だから病院に行きたい」と**

**ご本人が言われて、家族が連れてこられるケースも増えています。**もし言いづらければ、「健康診断のつもりで一回受診してみようよ」など、予防のための検査という観点から促すと、拒否されずスムーズに受診できることも多いようです。

## 3大成人病が認知症の進行を早める

最近の研究では、3大成人病（高血圧・糖尿病・脂質異常症）の症状がある人ほど認知症の発症リスクが高くなることがわかっています。

**「認知症」というと、脳に関することに関心が集まるのは当然です。しかし実際は、「首から下」の内科的な病気に対する管理が、認知症の予防にとても重要なのです。**

また次ページの図2－3のように、認知症になってからも、3大成人病の治療をきちんとするかしないかで、進行スピードが変わります。血圧が高い、血糖値が高い……という方ほど放置せず、定期的に医療機関を受診して体の健康を保つことが、認知症の予防や進行を抑えるための重要なポイントになるのです。

図2-3

## 生活習慣病の認知機能への影響

高血圧・糖尿病・脂質異常症の治療状況と
認知機能（MMSE）テストの点数のグラフ

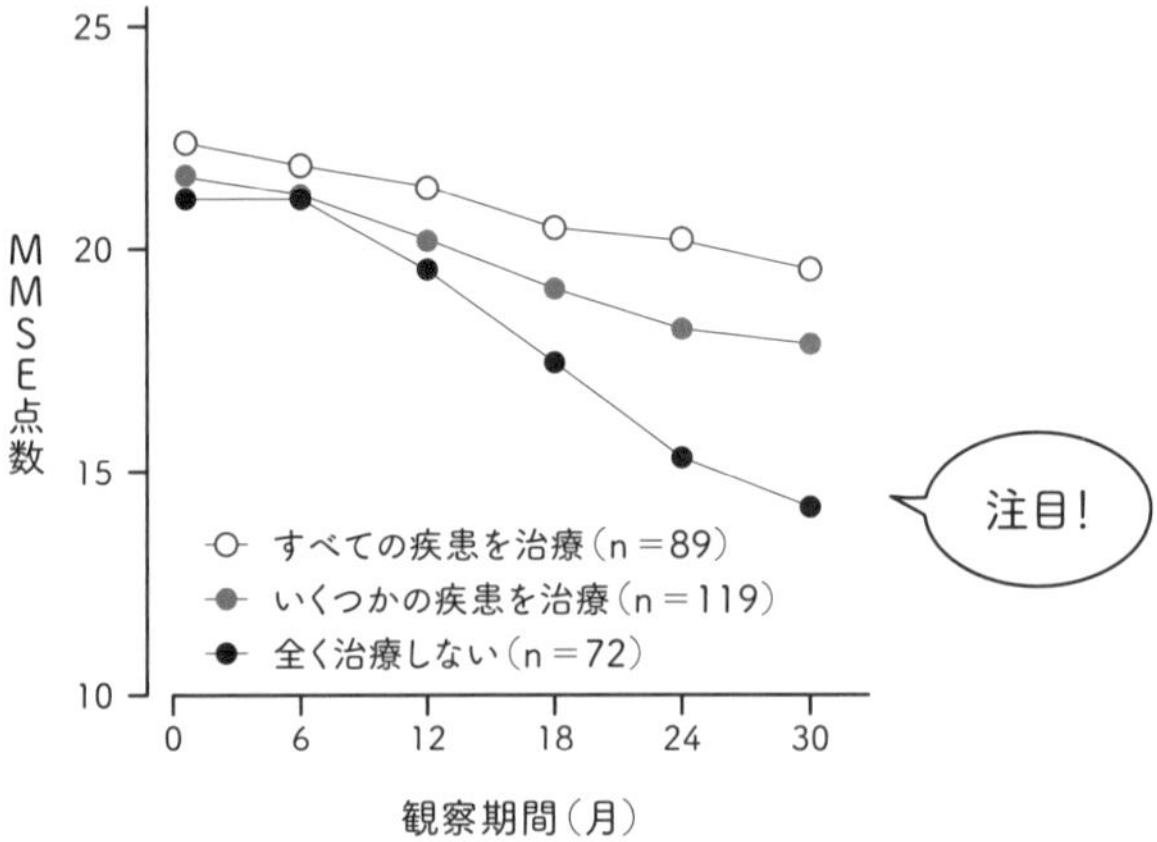


**初期の認知症の方が、高血圧、糖尿病、**
**脂質異常症の治療を放置すると、**
**MMSE《エムエムエスイー》テストの点数がガクンと落ちる！**

出典：Deschaintre Y et al.,『Treatment of vascular risk factors is associated with slower decline in Alzheimer disease』（Neurology 2009; 73: 674）より作成

専門病院を早めに
受診できるか…
進行しない
進行する
分かれ道
その2

# 認知症サポート医、認知症専門医に相談を

一つ目の分かれ道で、せっかく正しい選択をして病院を受診したのに、進行を食い止めることができないことがあります。それは、**最初に受診した病院で適切な診断・治療が受けられなかったというケースです。**

認知症という病気は初期の段階で正確な診断をするのがとても難しいものです。風邪のように「どの医療機関に行っても診てもらえる」というわけではありません。

皆さんは、〝認知症サポート医〟をご存知でしょうか？　**認知症サポート医というのは、認知症に対して前向きに取り組むドクターです。**認知症の方に向けた地域の医療や介護を連携させながら、支援がスムーズに受けられるようサポートしてくれます。ご自宅から比較的近いところにも、認知症サポート医がいる病院が配置されていると思います。医師会のホームページや自治体で公表していますので、心配な点があれば、まずは認知症サポート医に相談されることをおすすめします。

しかし、この認知症サポート医は、全員が学会で認定されている「認知症専門医」というわけではありません。サポート医ではあるものの、本来は別の分野の専門医かもしれません。

**「最近ようすがおかしいなと思っているのに、テストや検査の結果で異常が明らかにならず、特に薬の処方や生活指導がなかった」など、診断や治療に納得できないという場合は、認知症専門医がいる医療機関を改めて受診してみましょう。**

ちょっとハードルが高いと感じるかもしれませんが、専門医でないと正確な診断が困難であったり、治療の経験が少なく症状をうまくコントロールできないという事例は少なくありません。

日本認知症学会のホームページで専門医・専門施設が一覧で公表されています。
榎本

日本認知症学会ホームページの専門医・施設検索サービス
https://dementia-japan.org/doctors/

# 認知症専門医でないと正しい診断が難しい場合も

ここまでお話ししたとおり、認知症というのは病名ではなく、「病的レベルに認知機能が低下している状態」を指す名称です。認知症の状態になる原因として最も多いのは、アルツハイマー型認知症で約70パーセントです。そのほかに脳血管性認知症、レビー小体型認知症、前頭側頭型認知症などの病気がありますが、**初期の段階では、認知症専門医でないと区別することが難しいケースが少なくありません。**

また、最近は90歳を超える超高齢者の認知症患者の方も増えています。**超高齢者の場合は、「嗜銀顆粒性《しぎんかりゅうせい》認知症」や「神経原繊維変化型《しんけいげんせんいへんかがた》認知症」という、また別の病気の頻度が増えます。超高齢者の方だけで見ると、アルツハイマー型認知症と同頻度まで増えてきているほどです。**これらの認知症もまた、アルツハイマー型認知症とは違った治療やアプローチが必要となります。

「近所の病院で診てもらって、治療を続けているけれどしっくりこない……」と感じた場合は、ぜひ一度、認知症専門医がいる病院を受診してみてください。

図2-4

## 全体と超高齢者での病気の割合の違い

出典：「都市部における認知症有病率と認知症の生活機能障害への対応」（平成23年度～平成24年度）総合研究報告書をもとに作成

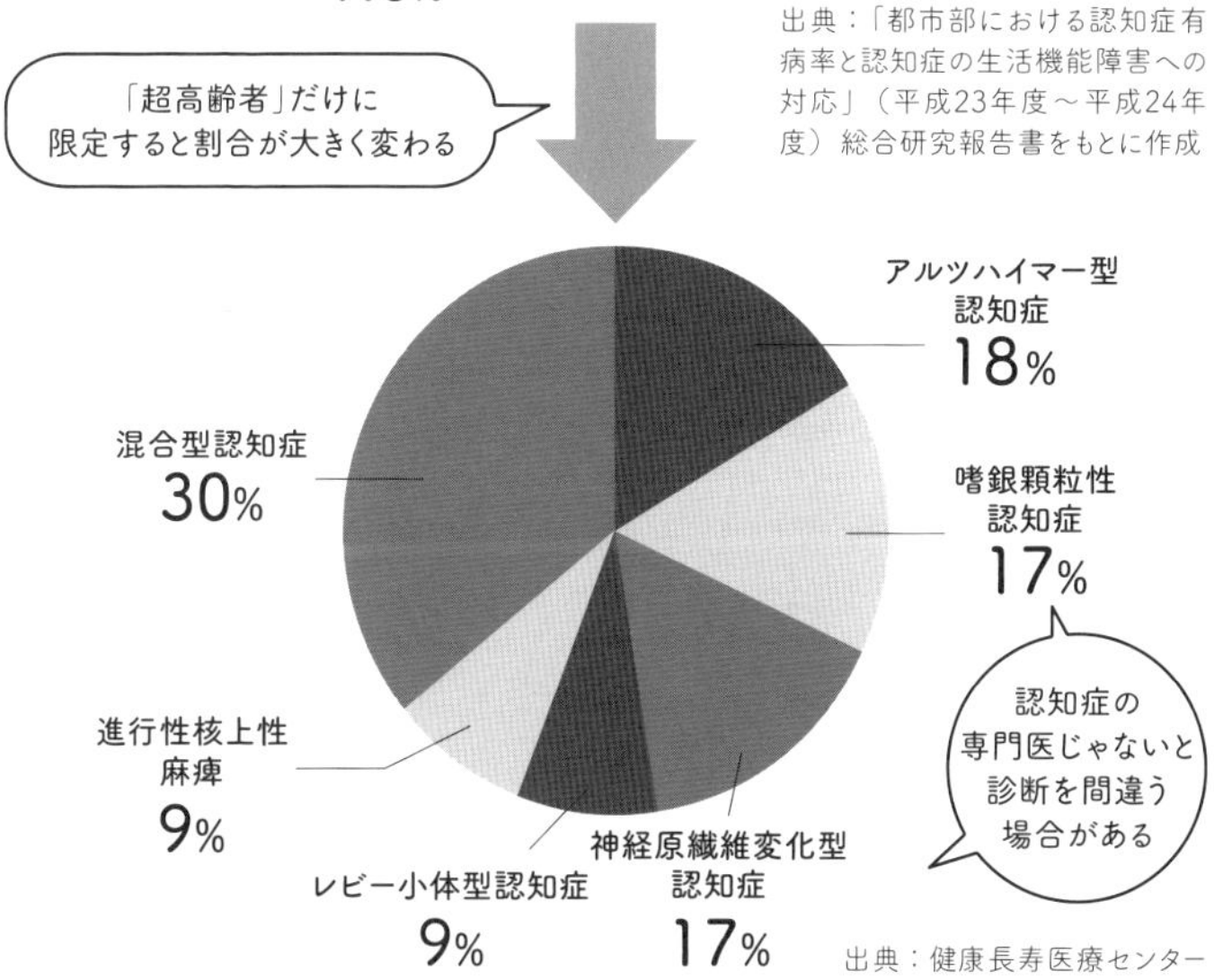


出典：健康長寿医療センター

# 認知症の専門病院での診察と治療の流れ

「認知症専門の病院って、どんなことをするのかわからない」「診断までどのくらいの時間がかかり、どれくらい費用がかかるのかが不安」という方も多いでしょう。

ここからはそんな方に向けて、認知症専門病院の受診のハードルが少しでも低くなるよう、榎本内科クリニックでの治療の流れの例をご紹介したいと思います。

まず初診時には、ご本人の症状、既往歴、学歴、職業歴、生活状況（家族との同居の有無）、生活自立度、介護保険利用の有無などを、問診表を用いて確認します。

この問診票は、榎本内科クリニックのホームページにも掲載しており、ダウンロードもできます（123ページ）。認知症が心配でお近くの医療機関を初めて受診する場合、事前に記入して担当医に見てもらうなど、ご利用いただいてもOKです。医師に認知症の症状の把握をしてもらうのに役立つと思います。

初診では、診察でご本人のようすを確認し、身体的な診察と検査、認知機能の検査を行います。身体的な検査とは一般的な健康チェックで、レントゲン、心電図、血液検査です。認知機能の検査は、「今年は西暦何年ですか？」「先ほど覚えてもらった言葉は何でしたか？」という質問や、図形を描いてもらうことで認知機能を評価するＭＭＳＥ《エムエムエスイー》というテストを行います。その後、頭部のＭＲＩ《エムアールアイ》検査（磁気共鳴画像診断）、もしくはＣＴ《シーティー》検査（コンピューター断層撮影）ができる医療機関をご紹介して、都合のよい日に検査に行ってもらいます。

当院で初診時にかかる医療費は、診察と身体的な検査、認知機能の検査で、１割負担の方であれば約２０００円～３０００円。紹介先で行う頭部の画像検査は、１割負担の方でだいたい２０００円～５０００円です（機械の性能によって多少の違いが出ます）。

**90パーセント以上の方は、ここまでの検査で認知症の種類の診断ができ、どの薬を飲んだらよいのかを決めることができます。これで診断が完了すれば、初診から約2週間程度で治療に入ることができるでしょう。**

しかし、なかには、頭部の画像診断だけでは認知症の原因を特定できないケースがあります。その場合、今度は**脳の機能を診ることができる脳血流シンチグラムやダットスキャンという検査を行います。**これらの検査は、被爆の心配はないのですが、放射線同位元素を含んだ特殊な薬を用いるため、検査の費用が高額になり、１割負担でも９０００円程度かかります。また、診断に時間が必要なため、治療方針が決まるまで、約１~２カ月程度かかります。

## 治療・投薬の開始後は、半年に１回効果をチェック

診断がついて、進行を予防したり、症状を抑えるための薬が決まれば、当クリニックの場合、半年間は月に１回程度通院していただき経過を観察します。

その際にかかる１回ごとの治療費は１割負担の場合、診察代が約５００円です。薬局での薬代は、個人差がありますが２０００~４０００円程度が多いと思います。

治療を始めた後は、脳の機能を診るために半年に１回ＭＭＳＥ《エムエムエスイー》テストを行います。

図2-5

## 榎本内科クリニックの認知症治療の流れと1割負担の場合にかかる金額の例(目安)

### 初診

1割負担で
2000円~3000円

**①問診票記入**

実際の
問診票→

**②診察**

問診や視診で本人のようすを確認する。

**③身体的な検査**

・レントゲン
・心電図
・血液検査

**④認知機能の検査**

「今日は何日?」「さっき覚えた言葉は何?」という質問や、図形を描くMMSEという認知機能判定テストを行う。

### 画像検査

1割負担で
2000円~5000円

**提携する病院で頭部の画像検査**

・MRI《エムアールアイ》検査　・CT《シーティー》検査など

※認知症非専門医だと行わないこともあるが診断には必須

治療開始まで約2週間

1割負担で
9000円前後

### 追加検査

原因がわからない場合は脳の機能を診る専門検査を行う

治療方法が決まるまで1~2カ月

1割負担で
診察代500円
薬代2000円
~4000円

### 治療開始

**病気がわかり、治療を開始**

治療開始後は月に1回通院し、半年に1回 MMSE テストを行い、薬が効いているか評価をする。点数が悪くなっているようであれば、画像検査をして再度診断を行う。

・月に1回の通院と薬の処方
・半年に1回効果をチェック

これで治療前に比べて、認知症の進行を防げているかどうかを評価し、効果が確認できればそのままの方針で治療を継続します。反対に、「半年前に答えられていた質問ができなくなって、点数が落ちている」となり、効果が不十分だと判断されたならば治療方針を見直すようにしています。特にテストの成績が著しく悪くなっているときは、再度頭部MRI《エムアールアイ》検査やCT《シーティー》検査を行うようにしています。

## 早めの専門病院への通院が、経済的にもメリット大

適切な診断と治療を受けることで、自宅での療養が可能な期間を延ばせます。当クリニックに来院される方のなかには、最初に受診した病院の診断が正確ではなくて、適切な治療薬が選択されていないケースも見受けられます。せっかくお金を出して治療をしていても、病状にマッチしていなければ症状は悪化してしまいますし、経済的にもデメリットです。また、症状がさらに悪化して、施設へ入居をしなくてはいけない状況となれば、少なくても毎月10万円以上の費用が必要となります。元気な時間をできるだけ長く保てるよう、専門の医療機関への受診を前向きに検討してください。

治療薬の管理ができているか…
進行しない
進行する
分かれ道
その3

# 認知症治療薬はどのように処方されるのか？

皆さんに知っておいていただきたいのは、**認知症治療のゴールは「物忘れを治し、昔に戻る」ことがすべてではない、ということ。**薬は、進行を防いだり遅らせたり、目の前の困った症状を防ぐことが目的で処方されます。**ご本人とご家族が、その人らしい生活をつつがなく、楽しく続けていければ認知症の薬物治療は成功です。**

認知症になっても日常生活が続けていられるのは、パート1で解説した「自動回路システム」（22ページ）をうまく発動できているからです。そういった薬物療法の効果を念頭におきながら、ご家族が理解を深めていただけるとありがたいと思います。

せっかく治療を進めているのに不調な日が増えて、「処方された薬が合っていない？」と感じたり、「介護者が見ていないところで薬を飲めていないのでは？」と不安にならないために、まずは認知症専門医である私が、どのように薬の処方を決めているかをご説明したいと思います。

表2-2

## 現在使われている主な認知症の治療薬一覧

<table>
<tr><th>作用機序</th><th>薬剤名</th><th>適応</th><th>用法</th><th>特徴</th></tr>
<tr><td rowspan="2">アミロイド<br>βタンパク<br>除去薬</td><td rowspan="2">レカネマブ</td><td>軽度</td><td>点滴　2週間に1回</td><td>進行予防効果</td></tr>
<tr><td colspan="3">アミロイドβタンパク質を除去して、認知機能の低下を抑える効果の治療薬。軽度認知症や初期アルツハイマー型認知症が対象。同じ効果で投薬が4週間に1度のドナネマブも発売が開始された。</td></tr>
<tr><td rowspan="8">コリン<br>エステラーゼ<br>阻害薬</td><td rowspan="2">ドネペジル<br>（内服）</td><td>軽度から<br>高度</td><td>経口　1日1回</td><td>意欲改善</td></tr>
<tr><td colspan="3">脳内のアセチルコリンを分解する酵素を抑えることで、意欲と注意力の向上が期待できる。自発性が低下している人に向く薬。</td></tr>
<tr><td rowspan="2">ドネペジル<br>（貼布）</td><td>軽度から<br>高度</td><td>貼付　1日1回</td><td>意欲改善</td></tr>
<tr><td colspan="3">内服と同じ薬効。内服できない人も使用できる。貼布薬は、胸や背中、上腕など上半身に貼る。</td></tr>
<tr><td rowspan="2">ガランタミン</td><td>軽度から<br>高度</td><td>経口　1日2回</td><td>意欲改善・<br>情緒安定</td></tr>
<tr><td colspan="3">アセチルコリンの分解を抑えるとともに、受容体への刺激を増加させる二重の効果を持つ。不安やうつ傾向を伴っている人にマッチしやすい。</td></tr>
<tr><td rowspan="2">リバスチグミン</td><td>軽度から<br>中等度</td><td>貼付　1日3回</td><td>意欲改善・<br>消化</td></tr>
<tr><td colspan="3">アセチルコリンの分解のしくみがほかの薬と違う。自発性を向上させたい人に向く。</td></tr>
<tr><td rowspan="2">NMDA《エヌエムディーエー》<br>受容体<br>拮抗薬</td><td rowspan="2">メマンチン</td><td>中等度から<br>高度</td><td>経口　1日1回</td><td>易怒性《いどせい》や<br>興奮を軽減</td></tr>
<tr><td colspan="3">情緒を安定させて脳の働きを維持する効果が期待できる。</td></tr>
</table>

## アミロイドβタンパク除去薬は、認知症が進行してからでは効かない

アルツハイマー型認知症の治療薬は、２０２４年の時点で、アミロイドβタンパクを除去する点滴治療薬２種類と、内服薬３種類、貼付薬２種類です。

アミロイドβタンパク除去薬は先述のとおり、アルツハイマー型認知症治療の川の上流に対する薬です（１０８ページ）。つまり、「物忘れが気になる」くらいの症状に対応する薬で、道に迷ったり日付がわからないなど、場所や時間に関する見当が衰えている状態になってからでは治療効果は期待できません。そのほかの薬についても、どの時期に、どのように服薬すべきかをまとめましたので、前ページの表２－２を参考にしてみてください。

アミロイドβタンパク除去薬は、認知機能低下の進行スピードを30％以上遅らせることができるということがわかっています。そのほかの薬は、アミロイドβタンパク除去薬との併用や、効果が期待できないステージに進行していても使えます。

## 陽性タイプか陰性タイプかで薬を使い分ける

アミロイドβタンパク除去薬以外の薬は、大きく分けるとコリンエステラーゼ阻害薬と、NMDA《エヌエムディーエー》受容体拮抗薬に分けることができます。私はアルツハイマー型認知症を2つのタイプ（陽性アルツハイマー型認知症タイプと陰性アルツハイマー型認知症タイプ）に分類して使い分けをしています。**情緒が不安定で怒りっぽい、問題行動が目立つ（徘徊《はいかい》や暴力行為など）ような、介護者が「もっと落ち着いてほしい！」と感じるタイプを陽性アルツハイマー型認知症タイプ、逆に、比較的穏やかで、むしろ自発性が低下しているタイプを陰性アルツハイマー型認知症タイプと分類しました。**

ちなみに私のクリニック調べでは、陽性アルツハイマー型認知症タイプが全体の3分の1で、陰性アルツハイマー型認知症タイプが全体の3分の2の割合でした。

当クリニックで行った調査の結果では、陽性アルツハイマー型認知症タイプにはNMDA受容体拮抗薬の効果が高く、陰性アルツハイマー型認知症タイプにはコリンエステラーゼ阻害薬の効果が高かったです。

コリンエステラーゼ阻害薬は、効果的な薬ではありますが、意欲を高めて脳の働きを維持する治療薬なので、もともと活発な陽性アルツハイマー型認知症タイプでは、イライラする傾向がより強くなるおそれもあり、相性がよくないケースが見受けられました。

**このような認知症の薬の使い分けは、認知症専門医の間ではほぼ意見が一致しているのですが、非専門医の場合、必ずしも適切な薬の選択がされているわけではありません。**介護されている方が「投薬を受けているのに認知症の進行が止まらない」、または、「薬を使い始めてようすがかえっておかしくなった」と感じるようでしたら、認知症専門医に相談してください。

薬がきちんと効いているかどうかは、今までどおり生活が維持できているか、身の回りのことが自分でできているか……それが判断基準です。
榎本

図2-6

## 榎本内科クリニック初診時の陽性・陰性のタイプ分け

ご家族に認知症の方の問題点を確認し、
医師が以下のようにタイプ分類をする。

**陰性**
**アルツハイマー型認知症**

**陽性**
**アルツハイマー型認知症**

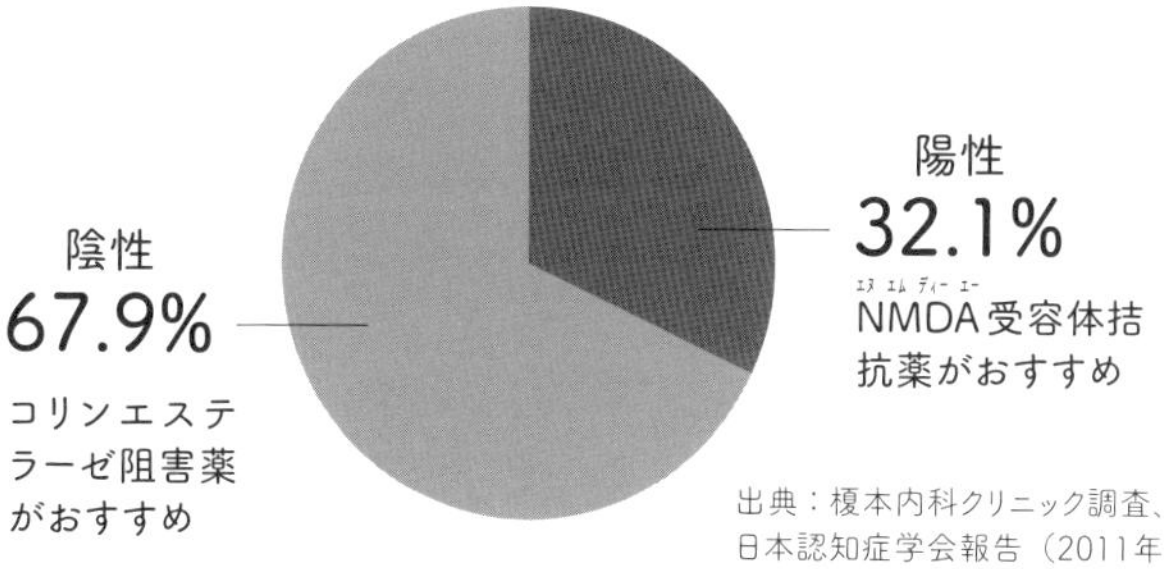


出典：榎本内科クリニック調査、日本認知症学会報告（2011年）

| 陰性タイプの特徴 |
| --- |
| 無気力 |
| 抑うつ |
| 自発性低下 |

| 陽性タイプの特徴 |
| --- |
| 幻覚、妄想 |
| 攻撃性、暴力 |
| 不穏、徘徊《はいかい》 |
| 介護拒否 |

## 薬の飲み忘れ対策にはカレンダーを活用する

せっかく処方された薬も、決められた量をきちんと飲まないと効果は期待できません。ですが、薬の飲み忘れ、飲み間違え、飲みすぎは起こりがちなことで、介護をされているご家族は皆さん、頭を抱えています。

私のクリニックでは、市販の「お薬カレンダー」などではなく、あえて**〝普通のカレンダー〟に、1〜2週間分の薬を貼りつけておくことを推奨しています。**

普通のカレンダーに異物が貼ってあれば目立ちます。この方法ならば、薬そのものの存在を見落としたり、忘れることがありませんし、飲んだか飲んでいないかの判断が簡単にできます。また、ご家族が朝食後や夕食後などの薬を飲み終えているはずの時間に電話をかけて、カレンダーに薬が貼ってあるかどうかを本人に確かめてもらうのも一つの方法です。薬がまだ貼ってあれば「電話口で待っているから今すぐ飲んできて」と伝え、飲み終わって戻ってきてから電話を切るようにしましょう。

図2-7

## 医師のメモ＆カレンダーの活用で飲み忘れを防ぐ！

この「カレンダー」と「電話」での確認は、私のクリニックで服薬率が飛躍的に上がっている実績ある作戦です。おすすめなので ぜひ試してみてください。

## かかりつけの医師の手書きメモを活用

カレンダーで大切なのは、「カレンダーを日常風景に同化させすぎないこと」です。カレンダーを普段見ない方だと、いくら薬を貼っても見向きもしないこともあります。そんなときに使えるのが、「異物」である、〝医師による手書きのメモ〟です。

48ページのクーラーの件でも手書きメモの配布についてお伝えしましたが、薬に関しても、私は手書きで「放っておくと物忘れが進んでしまいますが、薬を飲んでいれば大丈夫。安心して飲んでください」というメモを配布しています。

**見慣れない手書きメモが部屋にあると、目につきやすいです。かかりつけの医師のメモなので、「ああ、そうなのか」と納得してもらいやすいですよ。**

生活習慣を整え、
実践できるか…
進行しない
進行する
分かれ道
その
4

# 成人病予防が、認知症予防の近道
# 「認知症」だけにとらわれないで！

病院で早期に正しい診断が受けられた、薬もきちんと飲めている……ここまで来れば後は、生活習慣を少しだけ整える意識を持てれば完璧です。それでは最後に、認知症の進行予防の仕上げとして、生活習慣を改善する重要性について解説しましょう。

これまで本当に数多くの方々に、「認知症の予防や進行を防ぐために大事なことを教えてください」という質問や相談をされてきました。日々たくさんの認知症患者さんと接していて感じていることでもありますが、世界中で行われてきた研究で明らかになっているのは、**3大成人病（高血圧・糖尿病・脂質異常症）があると認知症のリスクが高くなる**ということです（113ページ）。

つまり、「成人病にならないようなライフスタイルに生活習慣を整える」ことが、認知症予防の近道なのです。

**認知症で最も多いアルツハイマー型認知症では、半数以上の方がいわゆる〝隠れ脳卒中〟（脳梗塞や脳出血）を伴っている確率が高いことが知られています。**アルツハイマー型認知症は脳が萎縮する病気ですが、そこに隠れ脳卒中が合併すると、脳の血液循環が悪くなって脳機能がさらに低下し、症状が悪化します。認知症の予防や進行を防ぐためには、3大成人病の予防と治療こそがとても重要なのです。

## 週に3日、1日7000歩の散歩習慣からスタート！

近年の認知症研究では、**とにかく散歩の習慣が、最も信頼性の高い認知症の予防方法だということがわかっています。**特に30分以上歩き続ける散歩を週に3回程度が理想的です。まずは続けられる範囲から、散歩習慣をスタートしましょう。

散歩の速度はぶらぶら歩きではなく、「電車に間に合うようにちょっと急ごう」くらいの少しだけ速足で歩くのが理想的です。**歩数としては6000歩〜7000歩程度が、最も認知症の発症率が低いことが明らかになっています。**

意外なことに、頑張りすぎて1日に1万歩以上歩いてしまう人は健康寿命が短くなり、認知症の発症率も上がってしまうことが研究の結果で知られています。

この結果を見て正直私も驚きましたが、何事も「過ぎたるは及ばざるがごとし」で、ほどほどが一番のようです。ただし、数字に振り回されすぎるのもよくないので、余裕で1万歩歩ける体力があれば控える必要はないと思いますし、腰や膝の痛みがあるなどの理由で「3000歩がやっとです」という方であれば、3000歩でもよいと思います。つまり、**「無理をせず継続可能な運動を続けること」のほうが重要**ではないか……と多くの高齢者を診察していると、そう実感しています。

## いつもと違う食品を買って、食べてみる

認知症の予防のためのポイントとして、理想的な食生活についても知っておく必要があると思います。パート3でも説明しますが、地中海料理が認知症の進行予防となるという研究結果があります（148ページ）。また、年齢を重ねるとスーパーに買

い物に出かけても、つい同じものを買い物かごに入れてしまいがちですよね。でも、同じものばかり食べていると栄養が偏ってしまいます。

**毎回の買い物で、いつも買っているものをちょっとだけ変える「クセ」をつけましょう。**例えばトマトを選ぶときは、ミニトマト、ミディアムトマト、大きいトマトなど、種類を変えてみる……。いつも作っているカレーやスープはお肉の種類を変えたり、旬の野菜を入れてみる……などです。そうするとマンネリ化しない食習慣が身につき、偏りなく、体にとってバランスのよい栄養が摂取できます。納豆や豆腐などよく食べる食品は、銘柄を変えるだけでもよいでしょう。認知症の患者さんと一緒に買い物に行けるときは「今日はこれにしてみたら？」などと促してみてください。

テレビなどで「この食材が体によい」と聞いて、毎日それればかり食べ続けた結果、血糖値が高くなる、コレステロールが高くなる、心臓機能が悪化するなどの悪影響が出た患者さんを数多く見てきているので、毎回同じものばかり食べ続けるより、体によいものを日替わりローテーションで食べることをおすすめします。

## 日常の中で「考える」クセをつけて頭を刺激する！

認知症には、知的な活動習慣がよいことが知られています。興味の対象は人によってさまざまですから、楽しんで続けられることを見つけていただくのが一番だと思います。例えば、「ボードゲームが認知症の予防によい」とわかっていても、楽しめなければ効果が期待できるとは思えませんし、続きませんよね。楽器の演奏やダンスなども急に始められるものではありません。本来であれば、60代までに高齢になっても続けられて、頭のよい刺激になる趣味を見つけておくことがベターです。

**もし趣味がなかなか見つけられないのであれば、「家事を一生懸命頑張る」ということでもよいと思います。**作り慣れたメニューでなく、新しい料理にチャレンジするのもいいでしょう。また、風呂掃除を念入りに行い、どうすれば水垢をキレイに取り除けるかを工夫するなども頭と体のよい体操になります。

## 人付き合いが認知症予防と長生きの秘訣

最後に大切なことは、人と交流をすることです。

私のクリニックがある東京都調布市では毎年「物忘れ予防検診」を行っているのですが、人との交流が少ない方、そして運動の機会がない方は認知症のハイリスクグループであることがわかっています。

要支援・要介護の認定を受けている方ならば、半日のリハビリテーションプログラムがあるデイサービスに参加することで、認知症の予防ができます。運動が足りない、人との交流が足りないと感じている場合は、ぜひ、最寄りの地域包括支援センターやケアマネジャーに相談してみてください。

早期受診、適切な診断と治療、そして運動や食事に気を配る……。これで認知症の進行が予防でき、長く、楽しく、笑顔で暮らせます！
榎本

認知症患者さんの生活には、周りのサポートがとても重要です。榎本内科クリニックに通う患者さんのご家族は、どんな工夫をしているのか、アンケートで尋ねてみました。日々介護に取り組むご家族のリアルなアドバイスは、役立つこと間違えなし！ 自分に合ったものを見つけて、ぜひ実践してみてください。

**運動**

ショッピングセンターを散歩する

家の中を歩く

エクササイズ動画を活用

**生きがい**

有料放送でスポーツ観戦

新聞や雑誌に投稿

孫と過ごす

旅行に出かける

カラオケサークルに参加する

協力：武口《たけぐち》温《あつ》恵《え》さん

1972年、東京生まれ。看護師、介護支援専門員。総合病院、介護老人保健施設、居宅ケアマネジャーを経験。認知症の母親の介護をしながら、地域包括支援センターにて認知症支援推進員として、認知症の啓蒙と介護、地域支援に取り組む。現在、看護小規模多機能型介護ケアホーム希望、つつじヶ丘訪問看護ステーション管理者。

# PART 3

介護の先輩が
教えてくれた

# 認知症を進行させない サポート&ケア

## 食事

卵や乳製品で
フレイル予防

コップで
水分量を
チェック

## 薬

服薬回数を相談

個包装にする

ノートに
薬を
貼りつける

## 生活

お風呂に
入れない日は
足湯

22時に寝る

洋服に
番号をつける

トイレの
ドアは開けっ
放しに

## なる超実践アドバイス

認知症治療の目標は、病気の進行を遅らせて、その人らしく過ごせる時間をできるだけ長くすることです。そのために医療の力が重要であることは、パート2で解説しました。

もう一つ、**ご家族や周囲が認知症の方の日々の生活をどう支え、どう接するかを工夫することも進行を防ぐために欠かすことができません。**

パート3では、認知症の進行を防ぐための介護のコツについて解説いたします。すぐに役立つ実践的な情報を紹介するために、現在、榎本内科クリニックに通うご家族の方々にアンケートを実施。苦労や無理をせず、ラクなのに効果のある名案を数

# 認知症介護がラクに

多く教えていただきました。

寄せられた工夫やアイデアを紹介しながら、介護の現場で長年、認知症ケアに携わってきた看護師の武口さんと私のワンポイント介護メモも掲載しています。

もちろん、紹介したすべてを実践する必要はありません。何をすべきか、何ができるかは、それぞれのご家族の環境、ご本人の性格、病気の状態によって変わるからです。**できそうなものをチョイスして、実践してみてください。**

現在進行形で介護をされている方々のリアルなアドバイスは、今後の介護生活の有益なヒントになるはずです。

# 食事編

MEAL

偏食で栄養が偏らないように
榎本

隠れ脱水症状に注意を！
武口

体重が減少すると認知症リスクが高まります。食事はバランス重視で、必要量を食べてください。脳の血液循環をよくするために水分は1日1リットルを目安に摂取し、塩分は控えましょう。

高齢者は気づかないうちに脱水傾向になりがちです。水分は体や脳の血流を維持するのに重要ですので、こまめに補給ができるように工夫をして、周りがサポートしましょう。

ヒント 1

## 卵や乳製品を多めに摂る

肉や魚をあまり食べないので、代わりに卵や乳製品を多めにしています。卵はサラダや卵焼きなどのおかずで、乳製品は食後にヨーグルトを出しています。

（65歳・娘）

！

タンパク質の摂取量が減ると、フレイルやサルコペニアになってしまうことも。卵は生でも茹でても焼いてもよいです。乳製品も飽きないよう、牛乳を飲む、チーズやヨーグルトを食べるなどの工夫を。

## カマンベールチーズがすごい!?

カマンベールチーズを食べる習慣が、記憶力などの認知機能の高さと関連するという最新の研究報告があります。チーズのなかでも、白カビタイプであるカマンベールチーズには、脳や神経に作用する有効成分が含まれています。おやつやおつまみでも、手軽に食べられるカマンベールチーズを、ぜひ毎日の食事に加えてみてください。

参考：株式会社 明治、桜美林大学、地方独立行政法人東京都健康長寿医療センター「日本の地域在住高齢女性におけるチーズの摂取／種類と認知機能の関連性：横断研究」（2024年）

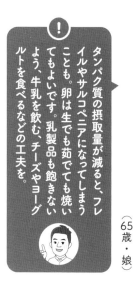

ヒント 2

## 献立を一緒に決めてマンネリ防止

本人に任せていると毎日同じものばかり食べがちに。週に2回、月曜と金曜に実家を訪ねて、献立を一緒に決めています。私が買い物リストを作成し、母に買い物と料理をしてもらって、計画どおりの食事を摂るようにしています。

（62歳・娘）

！

たとえ「体によい」といわれている食品でも、同じものばかり食べ続けると栄養が偏ります。おすすめは、「地中海料理」の食材を使ったメニューを、ローテーションで摂取することです。

**認知症予防によいといわれている地中海料理の食材例**

- オリーブオイル
- 豆類
- 緑黄色野菜
- キノコ類
- 魚介類
- チーズ
- ヨーグルト
- ナッツ類

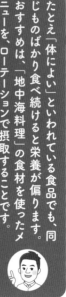

## ヒント 3 野菜は毎食スープで摂る

食事の量が減っているため、スープで野菜を摂るように心がけています。一度にたくさん野菜を煮込んで冷凍し、解凍後にトマト味や和風だしなどで味つけすれば簡単に作れます。

（54歳・娘）

！ スープは水分も摂れるのでよいアイデアですが、味つけに注意を。塩分が多すぎると、心不全や腎不全の原因になりやすいです。

## ヒント 4 飲み物のバリエーションを増やす

「水分を摂って」と言ってもなかなか飲んでくれないので、気分で選べるように飲み物の種類を増やしました。水やお茶のほかにも、野菜ジュースや牛乳、スポーツドリンクを用意しています。

（60歳・息子）

！ 「飲みたい」という気持ちになってもらうことが大切。「食事にはお茶」などと決めつけないほうが飲んでもらいやすいです。

ヒント 5

# 手が届くところに水分を用意する

キッチンに取りに行くのが面倒そうなので、リビングにペットボトルを置いておくようにしました。自分が飲みたいタイミングで手が出せるようになったせいか、水分の摂取量が増えて、薬もきちんと飲んでくれるようになったと感じています。

（65歳・娘）

！

小さいペットボトルは摂取量が計算しやすいのでおすすめ。または、本人が普段使っているコップに入る量を知っておくと、1日の水分摂取量がざっくりチェックしやすくなりますよ。

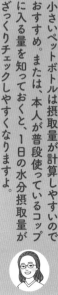

ヒント 6

## 喉ごしがよいゼリーで水分補給

水分を飲むとむせてしまうため、あまり飲んでくれませんでした。カップのフルーツゼリーをおやつに出すと、喉ごしがよいからか喜んで食べてくれるので、夏の熱中症、脱水予防に活用しています。（64歳・娘）

！

ゼリーはほとんどが水分。200gのゼリーを食べることと、200mℓの水を飲むことは、ほぼ同じ水分摂取量となりますよ！

ヒント 7

## なるべく家族で食事をする

家族全員で食卓を囲むようにしています。本人の好きな音楽を流して明るい雰囲気作りを心がけたら、食べ残しが減りました。（50歳・息子）

！

幸せだと思える食事シーンの空間作りはすばらしいこと。好きな音楽を流すのもよいアイデアですね。テレビは、画面に気をとられて誤嚥《ごえん》してしまう可能性があるので、おすすめできません。たまには外食するのも気分転換になり、食事が進む効果がありますよ。

ヒント 8

# 一緒に調理することを楽しむ

簡単な料理を作ってもらったり、ホットプレートでお好み焼きを作ったり、一緒に食事を楽しんでいます。食欲が落ち込んで心配でしたが、調理を手伝ってもらうようになってから食事量も増えました。

（50歳・娘）

！

一緒に料理ができなくても、材料を刻む音、だしや揚げ物の匂いなどを感じることで、食欲が出てくるという方もいます。調理の過程を感じてもらうことも、よい工夫だと思います。

**一緒に作って食べられるレクリエーションメニュー**

| | |
|---|---|
| ・お好み焼き | ・お鍋 |
| ・もんじゃ焼き | ・焼肉 |
| ・おでん | ・手巻き寿司 |
| ・ホットケーキ | ・ピザ |

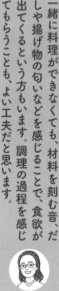

## ヒント 9 本人の好物から食べてもらう

「何が食べたい？」と聞いても「なんでもいい」と言われますが、栄養価重視の食事は残しがち。まずは本人の好物から食べてもらい、その後に、栄養価が高いおかずを出すと食べてくれます。

（66歳・息子）

！ 介護者側が、ご本人の好物の食材や味の好みを把握しておくことは大切です！

## ヒント 10 少量ずつ提供する

大皿で提供するのではなく、少量で盛り付けて提供しています。おいしそうに食べているものがあったら「おかわりあるよ」と伝えて、ちょっとずつ出しています。

（66歳・妻）

！ 食欲が落ちていると「食べてほしい」ためにたくさん盛りがちですが、初めから量が多いと、見た目だけでお腹がいっぱいに……。少しずつ提供するのがおすすめです。

ヒント 11

# 彩りや盛り付けを工夫する

食べすぎ、食べなさすぎを防ぐため、ワンプレートに盛り付けるようにしています。おかげで、どれくらい食べたか、どれくらい残したかが一目でわかり、食事量も調整しやすくなりました。

（68歳・息子）

お互いが食べやすい、介護しやすいように食器を工夫するのはよい取り組みですね！　お茶碗は、色のついたもの、お皿は絵が描いていないものを選びましょう。白いお茶碗に白いごはんが盛ってあるとよく見えなかったり、絵が描いてあるとおかずと間違えてしまうこともあります。

## 食器の選び方

○ 色のついた無地のお茶碗・お皿

× 白いお茶碗
→盛ってあるごはんが見えづらい

× 絵が描かれたお皿
→絵をおかずだと勘違いする

## ヒント 12
## 宅配食サービスを利用する

自炊が難しくなったのでお弁当の宅配食サービスを頼むことにしました。決まった時間に食事が届くため助かっています。

（54歳・息子）

今は、栄養バランスを考えてメニューを作っている宅配食サービスもたくさんあります。味やメニューに飽きてしまったら、業者を変えてみましょう。内容の変化で、食欲が増すことがあります。

## ヒント 13
## 催促されたら少量を出す

食事をしたこと自体を忘れて「ごはんまだ？」と催促されたら、少量だけ出すようにしています。物忘れよりも、食欲不振のほうが心配なので、食べてくれるならよしとしています。

（64歳・娘）

「食べたい」気持ちを否定されると、食事が苦痛になってしまいます。気持ちよく食事ができる対応を。

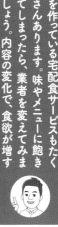

# 運動編

EXERCISE

できる範囲の運動からスタート

楽しむことが続けるコツです

認知症予防で推奨されている運動習慣の目安は「週に3回、30分以上の散歩」です。難しい方は「週に2回、15分」でもかまいません。ご本人のできる範囲の運動を続けてください。

運動は、「誰かと一緒に」がキーワードです。一人だけでやっても続かないという方が多いので、家族と、友人と、そして地域の人と一緒に、楽しみながら続けられる手段を探しましょう。

ヒント 14

## こまめに歩けるミッションを依頼

「ちょっと玄関まで出て、ポストを確認してきてほしい」「冷蔵庫からお茶を持ってきて」など、頼みごとをして、家の中をこまめに動いてもらってます。

（59歳・息子）

一度に複数の用件をお願いすると、覚えきれずに混乱してしまうので、一つずつ伝えることがポイントですね。

ヒント 15

## エクササイズ動画を活用する

テレビやインターネットで、エクササイズ動画を流しながら、一緒に体を動かしています。特にラジオ体操は、ちょうどよい運動量なのか、最後までやりきって、毎朝の日課となっています。

（54歳・娘）

家の中でできる運動もたくさんあります。イスにつかまってできるスクワットなど、ご本人の能力の範囲内で、継続してできることを行いましょう。

ヒント 16

# リハビリ特化型デイサービスを活用

ケアマネジャーさんにすすめられて、現在、父はリハビリ特化型デイサービスへ週に3回通っています。筋肉がついたことで自信が回復して、元気になりました。

（60歳・娘）

リハビリ特化型のデイサービスでは、ストレッチマシーンを用いた筋トレなど、介護予防を目的としたメニューが受けられます。一般的なデイサービスでは、みんなで歌ったり物を作ったりする内容が多いのに対し、リハビリに特化したデイサービスは、個々の身体能力に合わせた内容なので、「年寄りの中に入って過ごすのは嫌だ」というタイプの方にも向いています。

**リハビリ特化型デイサービスの特徴**

- 午前か午後の半日タイプの介護サービス（食事の提供は基本的になし）
- 看護師、理学療法士、作業療法士、言語聴覚士、柔道整復師、あん摩マッサージ指圧師などの専門職のスタッフが在籍
- 気になる方は、地域包括支援センターやケアマネジャーに相談を！

ヒント
## 17 散歩やハイキングを一緒に楽しむ

早起きの本人に合わせて、毎朝、近所を散歩しています。花を見たり近所の方と交流しながらだと、嫌がらず歩いてくれます。目標3000歩をクリアすることが自信になっているようです。

（82歳・夫）

ご家族が一緒に歩けるときは、ぜひ同行してあげてください。一人のときより楽しく、自然にいつもよりたくさん歩けるはずです。

ヒント
## 18 脱ぎ着しやすい服をプレゼントする

外出用に、着替えやすい服をプレゼントしました。また、外出するのが楽しくなるように、「今日の服すてきだね！」「メイクいい感じ」とほめて、気分が乗るような声がけをしています。

（35歳・孫）

ポジティブな会話は行動力につながりますよ。積極的な声がけを！

ヒント 19

## 歩行器具を使うようにする

認知症が進むにつれて、体のバランスが悪くなり、転ばないか不安なので、歩行器具を購入。嫌がるかと心配しましたが、歩行が安定してラクに歩けるため、外出時に使用してくれています。

（49歳・息子）

！

歩行器は介護保険を使ってレンタルができるものもあります。いろいろ試して、ご本人に合ったものを選びましょう！

ヒント 20

## 地域の体操教室に参加する

週1回、市の体操教室に参加。以前通っていた教室は、体操以外に「脳トレ」の時間があり、苦痛だったようです。今は楽しそうに通っています。

（29歳・孫）

！

行政や住民ボランティアが主催するイベントは多数ありますので、役所や福祉センターなどで情報を集めてみてください。介護保険を使ったサービスを嫌がる方も利用しやすいですよ。

ヒント 21

# 趣味の運動を続けている

父は認知症になってから、ラウンド中にクラブをよく置き忘れ、ゴルフ場からも「困っている」と連絡が……。そこで、ゴルフ場の方に相談して、キャディさんをつけることにしました。今はキャディさんにサポートしてもらいながら、趣味のゴルフを楽しんでいます。

（58歳・娘）

！「周りの助けがあれば、趣味や運動を続けられそう」であれば、できるだけ長く続けられる道を探してあげてください。

## 周りのサポートがあれば運動を続けられる例

- ジムやプールのロッカーキーの管理ができないようだったら、施設の人にサポートをお願いしておく
- 家族が一緒に参加するようにする
- 近所の人にゲートボールやグラウンドゴルフなどの行事に誘ってもらう
- 散歩コースに住んでいる友人や知り合いに見守りをお願いしておく

ヒント 22

# ショッピングセンターを散歩する

近くのショッピングセンターまで車で行き、買い物をしながら楽しく歩いたり、一緒に手すり付きの階段を上って足腰を鍛えています。冷暖房が利いており、疲れたら休憩できるイスもあるので重宝しています。

（60歳・息子）

！

散歩を嫌がる方でも、買い物ならば抵抗なく歩ける場合が多く、「気がついたらけっこう歩いていた」ということも。ショッピングセンターやアーケード商店街など、暑い日や雨でも快適に歩けるスポットを見つけておくとよいでしょう。

ヒント 23

## 犬の散歩当番をお願いしている

週に3回ほど、犬の散歩を頼んでいます。犬に散歩をおねだりされると、父もまんざらでもないようすで、楽しそうに散歩に出かけています。

（63歳・娘）

！

犬の世話を通して、やりがいを感じると習慣化しやすくなります。犬の散歩仲間との交流が生まれ、コミュニティが広がっていくケースも多いです！

---

ヒント 24

## ボランティア活動に参加している

地域で行っているゴミ拾い活動に参加するために、月に数回は外出しています。近所の小学生も参加しているので、孫のような子どもたちとの交流が楽しいようで、張り切って出かけています。

（54歳・息子）

！

一見、「運動」ではないことでも、ちゃんと体を動かせる活動があります。外に出るイベントを日常に組み込めるとベストです。

# 薬編

MEDICINE

薬は指示どおりに
飲みましょう！

薬に関して困ったことがあれば、遠慮なく主治医に相談しましょう。薬の効果が感じられない、体に合わないのではという場合は主治医と相談して薬を再検討するのが望ましいと思います。

便利アイテムを
活用しましょう

お薬カレンダーやピルケースなど、薬の飲み忘れを防ぐ便利アイテムを活用しても、認知症が進むにつれて次第に効果は薄れていきます。飲み忘れが増えてきたと感じたら、柔軟に別の対処法を見つけていきましょう。

ヒント 25

## 服薬回数を減らす方法を相談した

朝、昼、晩と3回飲むのが難しいため、主治医に相談して、朝晩2回の服薬で済むように処方薬を変えてもらいました。おかげで薬の飲み忘れも減りました。

（53歳・息子）

飲んでいる薬の種類によっては、服薬回数を減らすことができるかもしれません。「昼間は一人で過ごしていて管理ができない」などの場合は、相談してみましょう。

ヒント 26

## 薬局に個包装をお願いした

薬局にお願いして、服薬時間が同じ薬を一包化してもらいました。服薬の時間や種類の間違いが減り、本人も混乱せずに飲むことができているようです。

（54歳・娘）

「飲み忘れや飲み間違えが増えた」「開けづらそう」という悩みを薬剤師に相談すると、薬を1袋にまとめてくれることも。希望に応じて、日付や飲むタイミングを印字してくれるので便利です。

ヒント 27

## 医師やヘルパーをメッセンジャーに

娘である自分が頼んでもなかなか正しく飲んでくれず、勝手に薬の量を減らすので困っていました。ヘルパーさんから言ってもらうようにしたら、ちゃんと飲むようになりました。

（48歳・娘）

！

医師やヘルパーに頼んで、ちゃんと薬を飲むよう、メッセージを自筆で書いてもらいましょう。繰り返し目にする場所に貼っておくと効果的で、飲み忘れが防げます。

---

ヒント 28

## 服薬した効果を医師に伝えている

「この薬を飲んだときは、夜中にウロウロして困った」「この薬を飲んだときは落ち着いていた」など、医師に服薬した結果を具体的に伝えることで、適した薬を処方してもらえるようになりました。

（65歳・娘）

！

96ページのように、困っている行動をノートに記録しておくと、医師に薬の効果が伝わりやすくなり、今後の治療に役立ちます。

ヒント 29

# ノートに薬を貼りつけている

ノートに日付を書き、日付のページにその日に飲む薬の袋を貼っています。この方法にしてから、薬の飲み忘れが減りました。また、このノートに大切な情報をまとめるようにして、忘れてはいけない重要な予定のメモを貼ったり書き込んでいます。

（55歳・娘）

普通のカレンダーに集約する方法（132ページ）もおすすめ。家族やヘルパーなど、複数人で薬の状況を共有できるのがカレンダーのメリットです。

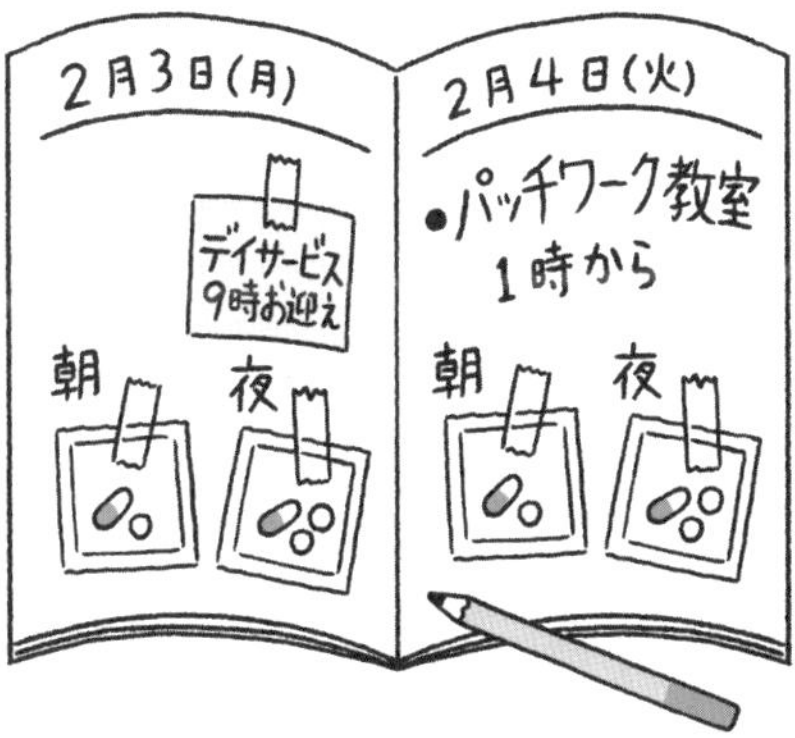

ヒント
30
# 1回分ずつ渡すようにする

最初は処方された薬をまとめて渡していましたが、だんだん自分が飲んだのか飲んでいないのかわからなくなってきてしまい、余分に飲んでしまうことが増えました。今では、毎食後に、そのときの1回分の薬を渡しています。

（63歳・息子）

！

飲み間違えると危険度が高い睡眠薬などの薬だけは、ご家族が管理しているというケースもあります。

**薬は「だんだん自分で飲めなくなるもの」**

・カレンダーやピルケースを活用

⬇ できなくなったら……

・薬局で個包装を頼む

⬇ できなくなったら……

・毎朝1日分ずつ渡して管理する

⬇ できなくなったら……

・1回分ずつ渡して管理する

# 生活編

LIVING

今できていることを続ける努力を
榎本

多少失敗したからといって手伝いすぎると、本人の生活能力自体が落ちていき、認知症の進行を招いてしまいます。今ある能力を使って「自分でできること」はしてもらいましょう。

互いにストレスを溜めない方法を
武口

本人ができることや、周囲がサポートできることは生活環境によって異なります。「何が正解」かにこだわるよりも、本人と介護する人がストレスなく過ごせる方法を第一に考えましょう。

ヒント 31

## お風呂に入らない日は足湯にする

「昨日入ったから」「ちょっと風邪気味で……」と言って、お風呂になかなか入ってくれない場合は、バケツにお湯を溜めて足湯をしたり、温かいタオルで体を拭いたりしています。

（42歳・孫）

！

入浴しない日が続くと、水虫などの皮膚感染症や蜂窩織炎《ほうかしきえん》（51ページ）の危険性が高まります。週に3回の入浴と、足湯で清潔を保ってあげてください。

---

ヒント 32

## 入浴前に脱衣所や浴室を温めておく

特に冬場は入浴したがらないことが多いのですが、浴室乾燥機を20分程度つけて浴室全体を温めておくと、嫌がらずに入浴してくれるようになりました。

（60歳・娘）

！

「お風呂の準備や片づけは意外と大変」「ヒートショックが不安」といった理由で「デイサービスの日にお風呂に入る」という方も多くいらっしゃいますよ！

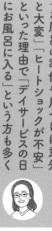

ヒント 33

## 遠慮なく手伝ってもらう

朝、新聞をとってきてもらう、庭の掃き掃除をしてもらう……など、夫ができそうなことを手伝ってもらっています。その都度、「やってくれて助かる。ありがとう！」とお礼を伝えています。

（68歳・妻）

！ 頼られると、誰かの役に立つうれしさから、自分から手伝いを申し出てくれるという方も多いです。

ヒント 34

## 生活能力に応じて頼みごとを変える

いつも食器の片づけをお願いしていましたが、だんだん洗い残しが増えてきたので、お皿拭きだけをお願いすることにしました。多少拭き残しがあっても、自然に乾燥するので問題なしです。

（66歳・妻）

！ できなくなったことはサポートをして、できることを積極的にお願いするスタンスがよいですね！

ヒント 35

# こっそりアシストする

洗濯物が少ないのに、洗剤が1週間で1本なくなっていました。母に聞いてみると目分量で入れていて、明らかに入れすぎで……。注意をすると、とたんに機嫌が悪くなって卑屈な発言が多くなります。そこで、気づかれないように、ボトルの中の洗剤をあらかじめ水で薄めておきました。おかげで失敗することなく、今でも洗濯は自分で続けられています。

（55歳・娘）

！

ご本人の能力に合わせてサポートの仕方を工夫しているよい例ですね。認知症が進行して能力が低下しても、得意だった分野の能力は保たれる傾向があります。その能力を発揮できるよう「見守る」イメージで、周囲がサポートしましょう。

## ヒント 36 洋服を着る順番に番号をつける

洋服を着る順番がわからなくなったので、1、2、3と番号をつけたカードを作って服の上に置いておくことにしました。今のところ一人で着脱できています。

（64歳・娘）

！ 畳んだ衣服を、上から着る順番に重ねて置いておくのも効果的な方法です。

---

## ヒント 37 本人が嫌がる言葉がけを避ける

「捨てる」という言葉をとにかく嫌っています。ボロボロの服を捨ててくれないときは、「なくしちゃったから見つかるまでこれを着てて！ 探しておくね」と言って新しい服を渡しています。

（63歳・娘）

！ かける言葉のチョイスを少し変えるだけで、行動が変わることも多いです！ とてもよい例ですね。

ヒント 38

## 耳掃除をしたら脳もすっきり！

「耳が聞こえづらい」と言うので、耳鼻科に行ったら、耳垢が溜まっているのが原因でした。キレイに掃除をしてもらったらよく聞こえるようになり、物忘れの症状も少し改善したように感じます。

（65歳・娘）

！

目や耳、歯などの調子がよいと、認知症の症状もよくなる傾向が。「目やに」が溜まって目が見えづらいという方は、毎朝石鹸で洗顔するだけで改善しますよ。

---

ヒント 39

## レンタル品の自動ベッドを利用

介護ベッドを買おうとしましたが「そんなもの、もったいない！」と拒否……。介護保険でのレンタルベッドを使ってみると、スムーズに起きられるようになりました。

（69歳・妻）

！

介護保険を使ったレンタル品は、使わなくなったら返却できます。活用して、そのとき一番快適に過ごせる空間を整えてください。

ヒント 40

# 夏場は1日中エアコンをつけておく

猛暑の日でもエアコンの電源を勝手に切ってしまって、熱中症になりかけたことがありました。「これはまずい！」と思い、エアコンを消さないようにリモコンを隠したりしていましたが、それでも消してしまい体調を崩す日が続きました。1日中エアコンを稼働させ、「エアコンを消さないように」という手書きメモ（48ページ）をよく見えるところに貼ったところ、消さなくなり、暑い日も普段どおり過ごせるようになりました。

（51歳・息子）

！

認知症患者さんは「感覚センサー」が鈍くなっているため、暑いのにエアコンをつけないケースが多いです。そのまま放置しておくと、脱水症状や熱中症になり大変危険です！　そのため夏場は、できるだけエアコンをつけっぱなしにしておきましょう。エアコンの機種によっては、高温見守り機能（高温になると自動的に電源がオンになり冷風が出る）を備えているタイプもありますので、ぜひ活用してください。

ヒント 41

## 自分の好きな服を着てもらう

基本的には母の趣味に合った好きな服を着てもらい、温度管理は小物で調節しています。寒い日は、スパッツやレッグウォーマーをつけ足したりしています。

（55歳・娘）

！

夏場に厚手の服を着ていた場合、入浴後の体がポカポカしているときに薄手の服に着替えてもらうなど、タイミングを工夫して着替えてもらいましょう。

ヒント 42

## 覚えていてほしいことはボードに書く

予定を覚えられないため、ホワイトボードに書いています。ボードはアクセサリーを使って、派手に飾っています。アクセサリーを定期的に変えて、目につくように工夫しています。

（65歳・娘）

！

目立たせることで、日常の風景に溶け込まず、意識してボードが見られているようですね。本人専用のカレンダーを用意してそこに情報を集めるのもおすすめです。

## ヒント 43 体調が悪いときの傾向を知っておく

体調が悪そうな日は、認知症の症状も悪化しています。「体調が悪い日ほど、電話してくる回数が増えるな」と気づいてからは、前もって心の準備ができ、イライラが軽減しました。

（47歳・息子）

！
「だるい？」「痛い？」など、Yes、Noで答えられる質問を投げかけ、体調不良や不安の原因を丁寧に探るとよいですよ。

## ヒント 44 デイサービスをうまく活用する

週3回、デイサービスに通い始めてから、食事時間が規則正しくなり、生活リズムが整いました。お風呂も施設で入ってくれるので活用してよかったです！

（60歳・娘）

！
デイサービスには、頭と体をよい状態に保つことができる環境が整っています。ただし、人によってはデイサービスが合わず、家で過ごしていたほうが調子がよいという方もいます。デイサービスの種類も多様ですので、本人に合っていそうな施設を選びましょう。

介護生活の体験談

# ストレスの元だったデイサービスをやめて、黄色の車で気ままにドライブへ

母の介護が始まった当初はデイサービスを利用していました。ただ、迎えのバスが来るたびに泣いて嫌がり、施設では入浴や食事を拒否。家に帰ろうと、上履きのまま抜け出してしまうこともありました。母は耳が聞こえづらいため、マスクをした状態でのコミュニケーションが苦痛だったようです。イラ立ちから親子げんかも増えましたが、何より、泣きながら「行きたくない」という母の姿を見るのがとてもつらかったので、ケアマネジャーと相談し、デイサービスはやめることにしました。

そうはいってもずっと家にこもりきりではいけないと思い、日中、母を車にのせてドライブに出かけることにしました。すると、ボーッとしがちだった母の状態が一変。ドライブ中の母は、よくしゃべり、目が輝き、生き生きとしています。次第に母

に昔のような笑顔が戻り、みるみる元気になってきました。

私自身、運転が趣味の一つなのですが、思えば母も、昔からドライブが好きでした。先日、昔の写真を一緒に見ていたときのこと。私が若いころに乗っていた黄色いスポーツカーが出てくるたび、母はテンションが上がり、特別愛着を持ってくれているようでした。その姿を見て、母のためにも、そしてこれからも愛情をもって母の介護を続ける自分のためにも、再び黄色のスポーツカーを購入する決意をしました。

納車されると、母は大喜び。私も青春時代を思い出し、母とのドライブがより楽しくなりました。また、駐車場で車を磨いていると「かっこいいですね！」と近所の方が話しかけてくれるなど、新しい交流が生まれたことも、息抜きになっています。

介護生活は、セオリーどおりが正解なのではなく、自分たちが幸せに過ごせる方法を探して、柔軟に対応すればよいのだと気づき、本当によかったと思っています。

（66歳・息子）

！

認知症の進行を予防する生活環境の設定や、介護サービスの利用方法は人によってさまざまです。ご本人が楽しめて続けられるような環境を、周りがサポートして作ってあげてください。

ヒント 45

## 早寝をすすめず22時に寝てもらう

以前は20時ごろに就寝してもらっていましたが、深夜に目が覚めてしまい、かえって介護負担が増えました……。22時に寝てもらうようにしたら、夜中に目が覚めることが減りました。

（65歳・娘）

！ 早すぎる就寝は眠りの質が落ちます。よい睡眠がとれると、睡眠中にアミロイドβタンパクが減少するという研究報告があります。

ヒント 46

## 介護をし続けるためまずは自分を守る！

言い争いになったときはその場から離れると、30分後には本人はすっかり忘れて何事もなかったように接してきます。多少モヤモヤしますが、怒りの気持ちが落ち着いてストレスは減ります。

（63歳・娘）

！ 言い争いになったら距離をおく対応を心がけることで、お互いにストレスが溜まらなくなります。

## ヒント 47 トイレのタイミングを声がけする

1～2時間間隔で「そろそろトイレに行ったら？」と声をかけています。「出ないわよ」と言われますが、行くと排泄があるようです。本人が失敗しないためにも先回りして声がけしています。

（55歳・娘）

！ 外出先では「私もトイレに行きたいから、一緒に行こう」などと誘うのも効果的です。

---

## ヒント 48 トイレのドアは開けっ放しにする

夜中にトイレに行くことが増えたため、間に合わないことがないように、トイレのドアと便座のフタを開けっ放しにしています。

（62歳・息子）

！ 廊下にセンサー式フットライトをつけておくと、足元が明るくなって転倒防止になりますよ。

ヒント
49
# はずかしがらず、紙パンツを活用する

「最後までおむつは避けたい」とよく言っていましたが、トイレに間に合わないことが増えたため耐えられず、母と話し合って紙パンツを活用することにしました。今の紙パンツは下着感覚ではけるので、母も快適なようです。介護する側も汚れた下着の洗濯がなくなり、ストレスがかなり減りました。

（65歳・娘）

最近では女性向けのおしゃれなデザインの尿漏れパットや、紙パンツもあります。失敗をして困ってしまうのは、誰よりも認知症の方ご自身です。まずは、旅行や外出の際に活用してみてください。長時間の外出時は、ご本人も不安を感じているため、受け入れてもらいやすいです。紙パンツにしたからといって「どこでも排泄してしまう」わけではないので、失敗が増えたかなと感じたら「使ってみたら」と促すのも、介護の負担を減らすポイントです。

# 生きがい編

PASSION

楽しさを見出せて、活躍できる場を！

人とのつながりを持てる場を大切に

時間を忘れて遊べるような場をたくさん持つようにしてください。誰でも、自分が「楽しい」と思えることには一生懸命になります。介護する側も楽しく過ごせることを探しましょう。

認知症になったから、要介護になったからといって、今までのコミュニティから離れる必要はありません。これまで築いてきた人間関係や趣味という財産をうまく活かして認知症予防を。

ヒント

## 50 有料放送でスポーツ観戦をする

夫はラグビー観戦が好きだったのですが、ラグビー場まで観戦に行けなくなったため、有料のスポーツチャンネルに加入しました。録画予約の仕方を自分で頑張って調べて観戦しています。

（64歳・妻）

趣味は生活に彩りを与えます。スポーツ好きなら、多少の出費はあっても、有料放送で試合観戦ができるようにするなどを検討しましょう。

ヒント

## 51 好きだった舞台鑑賞に連れ出す

認知症になってからも、定期的に趣味の舞台鑑賞へ誘っています。ときどき、好きな役者の名前が思い出せなくてショックを受けているようですが、観劇の間はとても楽しそうにしています。

（62歳・娘）

物忘れは悪いことばかりではありません。名前を忘れて落ち込んでいても、嫌なことも忘れるので、本人はある意味で気楽です。

ヒント 52

# 周囲に認知症を伝えて協力を頼む

父が長年通っている行きつけの居酒屋には、認知症であることを伝えています。お店の人も理解してくれており、「飲みすぎて歩けなさそうだから迎えに来て」と連絡をくれたり、支払いを忘れたときは後日払いにしてくれるなど、気兼ねなく通い続けられるよう配慮してくれるので助かっています。

（47歳・娘）

「認知症だから」といって外出しなくなると、症状が進行してしまいます。個人経営のお店ならば、お店の方や常連のお客さんにあらかじめ認知症であることを説明しておくと、多少のミスには目をつぶってもらえる環境を作ってもらいやすいです。お店の方にも手伝ってもらえると安心ですし、ご本人が生きがいを持ち続けられることにつながります。

ヒント

## 53 いつまでも「親と子」と思って接する

問題行動が続いて困っていましたが、仕事で帰りが遅いとき、寝ずに待っていてくれたりする姿を見ると、「認知症になっても、親である自覚は変わらないんだな」とありがたさを実感します。

（48歳・娘）

！ 上手に伝えられなくなっていても、「子」を思う気持ちは変わりません。親の気持ちに寄り添えると、大変なことがあっても乗り越えられるようになります。

---

ヒント

## 54 相手の名前を伝え会話をサポート

親族が集まるイベントがあると楽しそうにしています。しばらく会っていない親戚に対しては、名前と関係性を耳元でゆっくり伝えることで、笑顔で会話が続くようになりました。

（34歳・孫）

！ ご本人も、間違えないように気をつけていると思いますので、横でサポートしてあげるとお互いに会話が弾むでしょう！

ヒント 55

## ネガティブな言葉は受け流す

失敗を指摘したり注意をすると「早く死にたい……」など、ネガティブな発言をします。つい腹を立ててしまいますが、「歳を取ると前のようにはいかないものだよね」と受け流すよう心がけています。

（65歳・娘）

！ 言った本人は5分後には忘れていることもしばしば。さらっと同意の言葉をかけられるとよいでしょう。

ヒント 56

## 新聞や雑誌、ラジオに投稿する

祖父が、地域広報誌の川柳コーナーに投稿していて、採用されるかを毎月楽しみにしています。日々、川柳をたくさん作っているので、認知症予防になっているのだと思います。

（33歳・孫）

！ 新聞を読む、ボードゲームをする、観劇をするなどの知的な活動習慣は、認知症を予防する効果があるという研究報告もあります。

ヒント 57

# 家族で一緒に旅行に出かける

認知症になってからも、年に1度は親と一緒に家族旅行に行っています。母は荷物をパッキングするだけでも楽しそうで、頭と心のリフレッシュになっているのだと思います。家族が忙しい時期は、老人会が主催するバスツアーに参加しています。

（49歳・息子）

!

旅行は楽しいものですが、トイレや温泉など、一人きりになるような場面はできるかぎり避けたほうがよいでしょう。迷子になって大騒ぎになったご家族の経験談を何度も聞いています。

## 旅行のメリット

- 新しい服や靴を買いに出かけるきっかけになる
- 荷物をまとめたり、準備をするのに頭を使う
- 旅先で歩くので足腰が鍛えられる
- 楽しみな予定があると、ワクワクした気分で暮らせる

ヒント 58

## カラオケサークルに参加する

週に1回、地域のカラオケ会に参加しています。発表会のために十八番を練習したり、課題曲を覚えたりもしています。歌っているときは、元気なころの父親に戻っているように感じています。

（60歳・息子）

！

カラオケ、コーラス、詩吟、童謡を歌うサークルなど、音楽を楽しんだり声を出すことは嚥下《えんげ》障害の予防にもつながります。

ヒント 59

## 趣味の準備を途中まで手伝う

義母の趣味はパン作りでした。最近はやらなくなってしまいましたが、材料を買い集めて準備をしてあげたら、張り切って作り始めました。以来、月1回はパン作りを楽しんでいます。

（53歳・嫁）

！

認知症の方は段取りをつけるのが苦手。介護者側が、準備や片づけなど、アシスタント役のつもりで手伝うとスムーズに行えます。

## ヒント 60 おしゃべりするおもちゃを買う

発言をオウム返ししてマネをする、犬型のおもちゃをプレゼントしました。本人も気に入ってくれたようで話しかけています。そのせいか、夕方に混乱することが激減しました。（62歳・嫁）

一種のセラピーになるのでしょう。高齢者が生き物を飼うことは難しいケースもあるので、おもちゃや会話ロボットを活用するのは、よい試みだと思います。

## ヒント 61 孫の世話をお願いする

孫の面倒を見たり、孫と一緒に出かけるのが生きがいになっています。普段は意欲が低下していますが、孫が来ると張り切ってシャキッとしています。（77歳・妻）

2〜3歳くらいから小学校低学年くらいの子どもは、疲れを知らず、いつまでも遊んでくれるので、認知症予防のよきトレーニングパートナーになり、お互いに楽しい時間を過ごせます。

## ヒント 62 デイサービスで知り合いをつくる

退職後は人付き合いが乏しかったのですが、デイサービスに通い始めたら、新しい知り合いができたようで、毎日楽しそうにしています。

（55歳・娘）

デイサービスを嫌がる方が多いのは、新しい出来事への不安や抵抗感が原因です。環境に慣れ、友人ができると大切な場所に変わります。

## ヒント 63 施設への入居を検討する

同居で介護をしていましたが、認知症がひどくなっていくにつれ、私も体調を崩してしまい施設への入居に踏み切りました。悩みましたが今は、本人も家族も、おだやかに過ごせています。

（52歳・娘）

よい関係性を保つのに、適切な距離をとることは大切です。つらくなったら、デイサービスの時間や在宅サービスを増やすなど、プロの介護の力を頼ってください！

［著者］

## 榎本睦郎（えのもと・むつお）

1967年、神奈川県相模原市生まれ。榎本内科クリニック院長。日本認知症学会専門医。1992年東京医科大学卒業後、同大大学院に進み、老年病科（現・高齢診療科）入局。1995年より、東京都老人総合研究所（現・東京都健康長寿医療センター）神経病理部門で認知症・神経疾患を研究。1998年医学博士号取得。七沢リハビリテーション病院脳血管センターなどを経て、2009年、東京都調布市に榎本内科クリニックを開業。現在１カ月の来院者数1600名のうち、認知症患者の割合は７割にのぼり、高齢者を中心とする地域医療に励んでいる。著書に『老いた親へのイラッとする気持ちがスーッと消える本』『認知症の親へのイラッとする気持ちがスーッと消える本』（共に永岡書店）、『笑って付き合う認知症』（新潮社）がある。

●榎本内科クリニックホームページ
http://www.enomoto-naika-clinic.com/

［協力（PART3）］

## 武口温恵（たけぐち・あつえ）

1972年、東京生まれ。看護師、介護支援専門員。総合病院、介護老人保健施設、居宅ケアマネジャーを経験。認知症の母親の介護をしながら、地域包括支援センターにて認知症支援推進員として、認知症の啓蒙と介護、地域支援に取り組む。現在、看護小規模多機能型介護ケアホーム希望、つつじヶ丘訪問看護ステーション管理者。

STAFF
本文デザイン　掛川竜
本文イラスト　浅羽ピピ
DTP　大島歌織
編集協力　引田光江（グループONES）、高橋優果
校正　西進社

**主要参考文献**

『認知症 専門医が語る診断・治療・ケア』池田学著（中公新書）

---

# 認知症の親が満足する最高の介護術

2025年２月10日　第１刷発行

著者　榎本睦郎
発行者　永岡純一
発行所　株式会社永岡書店
〒176-8518　東京都練馬区豊玉上1-7-14
代表☎ 03（3992）5155　編集☎ 03（3992）7191
製版　センターメディア
印刷　精文堂印刷
製本　ヤマナカ製本

ISBN978-4-522-44166-4　C0077

---